本书系北京市教育科学“十四五”规划2024年度青年专项课题
“家园社协同背景下促进托班幼儿入园适应的实践研究”（CCEA24153）研究成果

托班教师的知与为

员春蕊 贾倩倩 杜媛／主编

中国经济出版社
CHINA ECONOMIC PUBLISHING HOUSE
·北京·

图书在版编目（CIP）数据

托班教师的知与为 / 员春蕊，贾倩倩，杜媛主编．
北京 ：中国经济出版社，2025. 8. -- ISBN 978-7-5136-8307-4

Ⅰ. G615

中国国家版本馆 CIP 数据核字第 2025YN9485 号

策划编辑　姜　静
责任编辑　丁　楠　李明明
责任印制　李　伟
封面设计　任燕飞

出版发行　中国经济出版社
印 刷 者　涿州市京南印刷厂
经 销 者　各地新华书店
开　　本　710mm × 1000mm　1/16
印　　张　13
字　　数　200 千字
版　　次　2025 年 8 月第 1 版
印　　次　2025 年 8 月第 1 次
定　　价　68.00 元
广告经营许可证　京西工商广字第 8179 号

中国经济出版社　**网址** http://epc.sinopec.com/epc/　**社址** 北京市东城区安定门外大街 58 号　**邮编** 100011
本版图书如存在印装质量问题，请与本社销售中心联系调换（联系电话：010-57512564）

本书编委会

主　编： 员春蕊　贾倩倩　杜　媛

副主编： 唐宾客　刘晓曦　刘洁红　向小英　唐社芳

编　委： 员春蕊　贾倩倩　杜　媛　唐宾客　刘晓曦
刘洁红　向小英　唐社芳　赵　红　张　琳
白立茹　蔡英华　张媛媛　闫文娜　郝　宇
张益菡　马莹芳　桂玉蛟　冯　桃　闫慧芳
郭丽华　李亚运　绳琦颖　蒋　楠　江国燕
姜古月　雷保琴　王紫杉　郭　芳　李滢滢
谷　雨　张　楠　张丽娜

致托班教师的一封信

亲爱的托班教师：

您好！

当您展开这封信时，也许正站在托班教育旅程的起点，怀着期待与忐忑；也许已走在这条充满惊喜与挑战的路上，经历着日日与幼儿相伴的点点滴滴。无论您身处哪个阶段，这片由奶声奶气的童语、跌跌撞撞的身影构成的世界，都是一方独特的天地——是见证生命最初模样的珍贵时光。

请您相信，当您每天清晨俯下身，与那一双双澄澈明亮的眼睛平视问好时，您正在从事这世界上最温暖也最神圣的工作——守护成长，点亮未来。您是幼儿离开家庭后遇到的第一位老师，是他们初识世界的那扇窗。您用怀抱给予他们安全感，用陪伴安抚他们的情绪，这份最初的师幼关系，是幼儿一生中最早，也最重要的社会联结。

我们深知，这份工作远比想象中更艰辛。托班教师是最富耐心与创造力的角色之一——要从含糊不清的咿呀声中辨识需求，从幼儿摇摇晃晃的动作中洞察成长线索，耐心引导他们迈出自理与交往的第一步。托班教育，是一门独特的艺术，它需要：

- 像母亲一样的温柔，在幼儿思念父母时给予坚定的安抚与拥抱；
- 像侦探一样的敏锐，从凌乱的涂鸦和自由的行为中读懂他们的成长节奏；
- 像演员一样的活力，用夸张的表情和有趣的语言，吸引短暂而宝贵的注意力；

- 像科学家一样的耐心，一遍又一遍地讲述儿歌、演示洗手，从不厌倦。

本书凝聚了数十位朝阳区托班研训教师及托班一线干部教师的经验与智慧。它不是标准答案，也非尽善尽美，至今仍在不断探索与完善。但我们希望，这本书能像一位随时愿意陪伴、为您出谋划策的教育伙伴，带给您：

- 日常工作中的灵感与启发；
- 面对难题时的勇气与策略；
- 专业成长路上的方向与信心。

亲爱的托班教师，托育是一场温和而坚定的陪伴，是日复一日、细水长流的坚持。今天您教会幼儿洗手、分享玩具、阅读绘本的每一个瞬间，也许微不足道，却悄悄在他们心中埋下了爱和成长的种子。多年以后，他们或许会忘记具体的细节，但那份被悉心照料、被尊重理解的感觉，将成为他们内心深处最温暖的记忆，成为他们面对人生风雨时无形的力量。

早期教育最珍贵的本质，往往浸润在每日看似琐碎的日常里，看似普通的互动中。正是这些细致的照护与引导，搭建起幼儿最初的安全感与信任感，奠定了他们未来人格发展的基石。

感谢您，选择了陪伴这群最柔软的幼儿，愿我们一同守护这段不可复制的美好时光，让一个个独特生命，都能在您专业与爱心编织的港湾里，逐渐展开和绽放，在未来勇敢地扬帆起航。愿这本书成为您教育旅程中的同行者，在这条既纯真又充满挑战的路上，陪伴您走得更从容、更丰盈、更有力量！

北京市朝阳区托幼一体化项目组

2025 年 6 月

前　言

本书以托班一日工作内容为轴线，以关键能力培养为目标，聚焦环境创设、活动组织、师幼互动、安全防护、家园共育、卫生健康六大领域，分别从托班教师的“知”与“为”两个维度展开，系统构建起一条“理论—实践”双螺旋式的专业成长路径，力求实现理论性与实操性的有效衔接，破解传统培训中“学用脱节”的难题，助力托班教师专业能力的持续提升。

其中，“知”强调托班教师应掌握的政策文件与理论基础。系统的知识体系是教师专业发展的基石，不仅有助于提升其专业素养和教学能力，更能增强教师应对托班教育复杂性与多样性的适应力。本书对托班教师需知的核心内容进行梳理与整合，涵盖儿童发展心理学、早期教育原理、卫生保健知识等方面，同时有机融入《3岁以下婴幼儿健康养育照护指南（试行）》《托育机构保育指导大纲（试行）》等国家政策精神，引导教师强化规范意识，主动对标国家政策标准，提升科学照护能力。

“为”则聚焦托班教师应具备的操作技能与实践能力。我们从一线教师的真实经验出发，归纳整理了诸多具有代表性和可借鉴性的实践案例，如托班一日作息安排、意外伤害处置流程等，旨在为教师提供看得见、用得上的行动指南；同时注重医教融合理念的贯彻，推动医学保健知识与幼儿教育实践的有机结合，使教师在日常工作中更加科学地关注托班幼儿的生理健康与心理发展。通过精准的健康管理、个性化的发展支持、及时的应急应对和有效的家园协同，不断提升教育质量，构建全方位、多层次的幼儿成长支持系统。

本书由以下朝阳区托班研训教师、托班一线干部教师合作编写完成，凝聚了研训团队的理论引领和基层实践者的集体智慧。在此，谨向积极参与编写工作的各园所及教师致以诚挚谢意！

第一章　北京市朝阳区教师发展学院　员春蕊

北京市朝阳区翠成幼儿园　赵红、郭丽华、杜媛、李亚运

第二章　北京市朝阳区教师发展学院　唐宾客

北京市朝阳区新源里幼儿园　张琳、绳琦颖、张益菡、蒋楠

北京市朝阳区垡头幼儿园　白立茹

第三章　北京市朝阳区教育科学研究院　向小英

北京市朝阳区中科院幼儿园　闫文娜、马莹芳、谷雨

北京市朝阳区亚运村中心幼儿园　张媛媛、李滢滢、郭芳

第四章　北京市朝阳区教师发展学院　刘晓曦

北京市朝阳区望京新城幼儿园　蔡英华、桂玉蛟、张丽娜

第五章　北京市朝阳区教育科学研究院　贾倩倩

北京市朝阳区泛海幼儿园　冯桃

北京市朝阳区国资中心幼儿园华翰（C）园　唐社芳、闫慧芳、张楠、王紫杉

第六章　北京市朝阳区教育科学研究院　刘洁红

北京市朝阳区朝莘蓝岛幼儿园（雅园园）　郝宇、姜古月、雷保琴、江国燕

我们尤为感谢北京市朝阳区教委副主任闵慧、沈欣忆，学前教育科科长杨华、李健老师在“朝阳区托幼一体化项目研究”中给予的专业指导与大力支持，感谢朝阳区托幼一体化实验园和托育种子教师的积极参与及实践探索。目前，项目仍处于持续推进与深化研究阶段，尚有许多需要完善与打磨之处。我们将继续秉持钻研之心，深耕托育实践，在不断试验与反思中优化内容，丰富经验，提升质量。

希望本书能为托班教师的专业成长提供一份务实的支持，也希望这些源于实践的知识与经验，成为守护幼儿人生起点的一方坚实基石，让他们的成长沐浴在尊重、理解与爱的光芒之中。

本书编写组

2025年6月

目录

第一章

托班环境创设的知与为

第二章

托班活动组织的知与为

第三章

托班师幼互动的知与为

第四章 托班安全防护的知与为

第五章 托班家园共育的知与为

第六章

托班卫生健康的知与为

第一章

托班环境
创设的知与为

第一节 托班环境创设知多少

一、托班环境创设的价值与意义

环境创设对幼儿的发展有着重要价值。皮亚杰认为，幼儿通过与环境的相互作用构建自己的认知结构。在环境中，幼儿不断地进行同化，调整自己的认知以适应新的经验。维果茨基强调社会环境和文化对幼儿学习与发展的重要影响。他认为，幼儿在与成人和同伴的互动中，通过语言和文化工具的中介作用，实现高级心理机能的发展。蒙台梭利强调为幼儿提供一个有准备的环境，这个环境中的教具和材料都是根据幼儿的发展特点及需求精心设计的。幼儿在自主选择和操作教具的过程中，能够进行自我教育和自我发展。瑞吉欧教育注重环境的创设和利用，认为环境是幼儿的"第三位教师"。在瑞吉欧的幼儿园中，环境被精心设计成一个充满艺术气息、富有启发性和互动性的空间，幼儿可以在其中自由地探索、表达和创造。

对于托班幼儿来说，环境创设的意义主要包括以下三个方面。首先是促进身心全面发展。托班幼儿正处于感知觉、动作和情绪发展的敏感期，适宜的环境能以其隐性教育力量，为他们的成长提供潜移默化的支持。一方面，要打造安全、宽敞且舒适的空间，能够让幼儿毫无顾虑地自由活动与探索。在此过程中，他们的大肌肉和小肌肉能够得到充分的锻炼与发展。另一方面，丰富多样的环境布置是激发幼儿好奇心与求知欲的催化剂，能有效推动其认知发展。此外，投放适宜且有趣的材料与物品，鼓励幼儿动手操作、积极探索，有助于培养他们的观察力、思考力以及解决问题的能力。其次是支持自主学习与探索。环境创设是支持托班幼儿自主学习与探索的重要手段。富有启发性和趣味性的班级环境，能够点燃幼儿主动学习和探索的热情。在这样的环境中，幼儿不仅能初步感受游戏规则，还能在自主选择活动区域和材料的过程中，逐步学会自我管理和自我约束。同时，提供开放式玩具和材料，为幼儿自主探索和发现不同玩法创造了条件，进而培养他们的自主学习能力和创新思维。最后是满足情感需求。情感需求在托班幼儿的成长过程中不容忽视。温馨、和谐且充满童趣的班级环境，能为幼儿带来安全感和归属感，让他们真切感受到关爱与尊重。这种积极的情感氛围有助于稳定幼儿的情绪，使他们建立起积极的情感体验，为其心理健康发展奠定良好的基础。

综上所述，托班幼儿环境创设在促进身心全面发展、支持自主学习与探索以及满足情感需求等方面发挥着关键作用，为幼儿的全面成长提供了有力支持。

二、托班环境创设的原则

（一）安全第一

由于幼儿的安全意识和自我保护能力较弱，安全性是托班环境创设的第一要点。托班内外环境应整洁、卫生、宽敞，室内装修应明亮柔软；玩具柜等家具的选择要做到低矮，有圆角；班内的装饰材料要做到安全无毒。

北京市朝阳区翠成幼儿园活动室一角

（二）发展适宜

托班环境要做到立足于托班幼儿独特的身心发展特点。一方面，在生理发展层面，托班幼儿的大肌肉动作正在快速发展，但精细动作尚未完全成熟，因此环境需要提供更多爬行、扶站、行走的空间支持，而非小班环境中以桌面操作为主的活动设计；另一方面，托班幼儿的生活自理能力较弱，需要成人更多的协助和支持，这就要求环境中的生活设施（如如厕区、进餐区、午睡区等）必须符合托班幼儿的生理特点，在保障安全的前提下预留成人辅助空间。因此，托班环境不是小班环境的等比缩小，而是需要基于该年龄段幼儿的特定需求（如分离焦虑缓解、感官探索偏好等）进行专业化设计。只有建立这种发展适宜性的环境观，才能为初离家庭的幼儿构建真正具有支持性的“第二个家”。

（三）激发探索

教师应为托班幼儿创设能够激发其探索的环境。这就需要环境可互动、可支持、可开放。

首先，可互动的环境强调幼儿与环境之间的双向交流和参与，能让幼儿通过直接接触、操作等方式与环境产生互动。例如，可触摸、可游戏的墙面大象，幼儿能够伸手触碰感受并进行趣味游戏；地面上的轨道标识，幼儿能够沿着标识行走、玩耍，与环境形成动态互动；设置音乐互动墙，让幼儿能够敲击、弹奏，感受音乐的魅力；提供带有声音的图书，幼儿翻动页面时会发出相应的音效，帮助他们理解声音与画面的对应关系。通过这些方式，幼儿在主动探究可互动环境的过程中，能够更好地理解事物之间的对应关系、因果关系等。其次，可支持的环境要求教师设置的环境是能够促进幼儿身心发展的，是能够实现幼儿发展目标的，把教育目标隐藏在环境中，通过“润物细无声”的方式促进幼儿的成长。例如，将盥洗池水龙头上面的挡板进行镂空设计，幼儿在盥洗时可以通过“洞洞”和对面的幼儿进行交流，从而发展社会性和语言表达能力；另外，洗手池上方有洗手小提示，可以帮助幼儿用科学的方式洗手，也有一定的支持性。最后，可开放的环境是指空间设计上要突破分隔、封闭的格局，重视公共活动和开放游戏活动区的创设，提供广阔的玩乐空间和互动交流场所，让每个区域之间联系起来、流动起来，给幼儿提供多种玩法和想象的空间。

北京市朝阳区翠成幼儿园盥洗室一角

北京市朝阳区翠成幼儿园户外音乐互动墙

（四）视觉美感

托班环境的创设要符合视觉美感。什么样的环境是符合视觉美感的？一是色彩要协调，对于托班幼儿来讲，我们要尽可能地选择低饱和度的暖色系，如以浅黄色、浅粉色、米白色等为主色调，以此营造一种安心、暖心的气氛，要避免一些高对比度或刺眼的颜色。另外，墙面、家具与装饰物的色彩需和谐统一，避免大面积杂乱拼色或过多图案堆砌而造成视觉疲劳。二是布局要有序，若要一个班级呈现布局有序的样态，一方面在空间上要有一定的通透性，家具、玩具的摆放也要避免拥挤，以免给幼儿造成心理压力；另一方面可以有一些自然元素的融入，选用原木、棉麻等天然材质，设置苔藓微景观、树枝装饰架等生态角，最大化实现“去工业化”的环境设计，不仅能缓解幼儿的感官负担，更能培养其最初的审美感知能力。

三、托班具体空间规划建议

（一）具体空间规划示例

托班班级是幼儿生活和游戏的重要空间，幼儿要在这里进行每天的生活，他们要游戏、探索、吃饭、午睡、盥洗，因此要设立相应的活动区域，这些区域的设立可以重合，但是要在幼儿需要时灵活调整，如睡眠区可以和活动区使用同一片区域，在活动时将床收起来以免影响幼儿的活动，在午睡时再将活动区布置成睡眠区。各功能区的具体要求如下。

1. 睡眠区

睡眠区是幼儿休息的地方，应设置在安静、舒适的环境中。每个幼儿应有独立的床位，床位之间应保持适当的距离，以保证幼儿的隐私和安全。同时，睡眠区应有良好的通风和采光条件，保持空气新鲜。

2. 活动区

活动区是幼儿进行游戏和学习的主要场所，应根据幼儿的兴趣和需要，设置各种游戏设施和学习材料。活动区应宽敞明亮，地面要铺设柔软的材料，以保障幼儿的安全。

3. 配餐区

配餐区是幼儿用餐的地方，应保持干净整洁，并符合卫生标准。配餐区应设置洗涤池、洗手池、储藏柜等设施，方便教师准备和分发食物。同时，配餐区应有良好的通风和采光条件，保持空气新鲜和食物卫生。

4. 清洁区

清洁区用于幼儿的日常清洁和卫生工作，如洗手、洗脸、换尿布等。清洁区应设置淋浴、尿布台、洗涤池、洗手池等设施，并保持干净整洁。同时，清洁区应有适当的储物空间，方便存放清洁用品和幼儿用品。

5. 卫生间

卫生间应设置在方便幼儿使用的位置，并配备适合托班幼儿使用的卫生器具，如坐便器、小便池等。坐便器的高度应适中，方便幼儿使用。同时，卫生间应保持良好的通风和采光条件，保持空气新鲜和卫生。

托班空间规划要充分考虑托班幼儿的特点和需求，注重细节处理和高效利用每一寸空间，为幼儿创造一个舒适、安全、有趣的游戏和成长环境。

（二）如何配备托班所需的设备设施

为保证托班幼儿顺利舒适地进行一日游戏和生活，需要准备的设备设施见表 1–1。

表 1–1　托班幼儿一日生活设备设施例举

类别	基本设置建议	进阶设置建议
活动区	防撞软垫、组合教具柜、多媒体互动屏、空气净化器	感统训练器材、空气净化器
生活区	儿童桌椅、恒温饮水机、消毒柜、身高体重测量仪	可调节儿童桌椅、自主取餐台 / 食物认知墙
睡眠区	可拼接午睡床、紫外线消毒灯、温湿度监测仪	星空投影仪
卫生保健	儿童马桶、医药急救箱、体温枪	手足口病检测仪
艺术创造	可水洗画墙、彩泥、彩笔、剪刀（圆头）、手指画颜料等艺术材料和工具	光影绘画桌、陶艺工作台、废旧材料创意角
户外场地	塑胶地面或草坪、组合滑梯、种植箱、玩沙池、玩水池	音乐雨伞亭 / 动力单车发电喷泉
安防系统	360 度无死角监控	智能手环定位、人脸识别接送系统

相关补充要求有：所有家具需圆角处理，甲醛释放量小于等于 0.08 毫克 / 立方米；电源插座距地高度大于等于 1.8 米，并配备安全防护

盖；窗台高度大于等于 1.1 米，玻璃采用安全防爆膜；配备新风系统（换气次数大于等于 2 次 / 小时）。

第二节　托班环境创设何所为

一、创设托班班级环境的宏观策略

（一）如何创设托班物质环境

1. 家庭般的温馨气氛：环境温暖、玩具柔软

托班幼儿和家庭的联系是最紧密的，能让幼儿快速放松下来并快速适应的环境一定是像家一样的环境，如温暖的灯光、舒适的小沙发、安全的装饰、柔软的玩具和舒适的座椅等，一定要营造一种温暖、亲切、舒适的氛围，让幼儿感受到家的温暖，要让班级像家一样。

北京市朝阳区翠成幼儿园活动室一角

2. 游乐场般的童话世界：色彩鲜艳、形状多元

托班幼儿都有去游乐场或者淘气堡的经历，熟悉的场景能让幼儿放

下警惕，而游乐场般的童话世界又能很好地吸引他们。对于托班幼儿来说，环境能够吸引他们，这就为其顺利适应幼儿园、爱上幼儿园奠定了一个良好的基础。那具体怎样去设置呢？幼儿园可以设置各种色彩鲜艳、形状各异的游乐设施和玩具，以及富有创意的装饰元素，激发幼儿的好奇心和探索欲。站在幼儿的角度想一想，每天要去的托班和最喜欢的游乐场一样，那怎么能不期待去幼儿园呢？

北京市朝阳区翠成幼儿园活动室一角

3. 大自然般的梦幻乐园：自然激发美感、感官体验自然

（1）将自然融入教室

在教室中融入自然元素，可以以既简单又实惠的方式将幼儿带入一个美丽世界，大自然不仅能提供无限的感官体验，将其融入所有学习的领域，还能为幼儿和成人带来平静的感觉。托班教室里应该有充满自然或者有生命的元素，如植物、岩石、草药、贝壳、树枝、小动物、鲜花和鱼等，自然物品不仅是很好的学习工具，而且能美化环境。

北京市朝阳区启明珠江园自然物品投放

（2）用感官体验自然

幼儿通过动作、运动和各种感官获得信息并进行学习，自然物品提供了天然的感官材料。比如，可以做一个自然感官桌，提供各种触感的材料，如沙子、鹅卵石、木头、光滑程度不同的树皮等，让幼儿通过触摸识别自然元素；也可以提供树叶进行拓印，用柿子或者蓝莓等水果制作染料作画，用树皮制作托片，用草和茎编织，用黏土制作自然印记；还可以放一些橘子、橙子、柠檬皮等水果和松枝等有味道的植物，让幼儿闻一闻不同自然物品的味道。大自然为我们提供了观察世界的美丽视角，通过与自然元素的互动和体验，幼儿在观察、触摸、闻、听等的过程中发展感官能力。

4. 无处不在的互动环境：环境中学、互动中学

托班幼儿是在与环境的互动中学习的，是在游戏中学习的，所以我们通过创设互动性、游戏化的环境，让幼儿在可以“玩”的环境中快乐成长，如在男孩子的小便池上贴小嫩芽图片，其每次小便就像在为小树苗浇水一样，这样可以互动的环境才是幼儿喜欢并且有生命力的环境。

北京市朝阳区翠成幼儿园盥洗室一角

5. 丰富多元的魔法材料：材料增加深度、元素营造氛围

（1）材料增加深度

娃娃家游戏：在创设娃娃家环境时，应精心挑选真实、生活化的材

料以增强游戏体验。例如，提供适合幼儿尺寸的迷你衣柜、沙发、梳妆台等真实家具，配备漏勺、托盘、陶瓷碗盘等实用厨具，添加可穿脱的娃娃衣物、小地毯、绿植等生活细节，并随季节更换娃娃衣物、桌布、拖鞋等装饰品。这些真实材料不仅能营造温馨逼真的“家”的氛围，更能让幼儿在操作中获得真实的生活体验，通过搅拌“食物”、整理衣柜、给娃娃换衣服等具体动作，既提升了角色扮演的趣味性，又促进了手部精细动作和认知能力的发展。

积木游戏：常规的积木区包含木质或者塑料积木以及直接购买的汽车玩具或人偶玩具。添加独特的材料，能够为空间带来新的吸引力，幼儿想要更多物品完成他们富有想象力的游戏，如通过用管子、电线和纸张塑造树木添加景观元素。提供黏土以便他们可以塑造家庭和宠物，幼儿可以建造城堡塔楼、流淌的小河和摇摇晃晃的小桥，通过提供不同的新材料为幼儿打开了一扇门，支持他们的想象力无限延伸。

音乐游戏：通过在墙壁、地板和架子上展示乐器促进幼儿的视觉与听觉学习。比如，在空间里面摆放录音机、尤克里里、播放器等乐器，适合托班的音乐材料包括鼓、手鼓、铃、丝巾、彩带、吉他、音乐书籍、键盘乐器、播放器、三角铁、带麦克风的卡拉 OK 机等。

图书阅读：营造一个可以体现亲密感和温暖感的阅读区，摆放地毯、枕头、书架、各种柔软的垫子和毛绒玩具等，供幼儿单独、结伴或者师生共同惬意地享受阅读。

（2）元素营造氛围

光元素：光影是幼儿很喜欢的元素，幼儿通过操纵明暗探索奇妙的光世界，为确保最大限度地利用自然光，应尽可能多地捕捉自然光，注意不要用家具或者非透明材料遮挡光线。幼儿园可以安装落地窗，这样幼儿就能看到外面的世界，在窗前悬挂棱镜或玻璃球，当光在地板和天花板上飞舞并散射出各种色彩时，就会营造一个美丽的空间；还可以提供一个灯桌，幼儿在灯桌上添加石头、透明珠子、树桩和塑料两栖动物，创造梦幻般的海底世界。

声音元素：在窗户外悬挂一些风铃，风吹来时柔和的声音响起，能对托班幼儿起到安抚作用，设计各种聆听体验，如收集一些叶子放干，让幼儿踩上去听一听嘎吱作响的声音，支持幼儿探索他们对声音氛围的自然反应。

6. 充满乐趣的户外环境：多样化内容、自然化创设

自然性是指非人造的自然环境和物品，它是显性环境的重要特征。环境的自然性主要体现在自然的户外环境以及增加户外活动的环节和时间。2~3 岁是幼儿大动作飞速发展的时期，自然环境中的沙、泥、土、草和有坡度的路面能为幼儿的大肌肉运动发展提供良好条件；自然环境还能让幼儿体验自然变化，如时间流逝、季节变化、植物生命的特征等，丰富幼儿的生活经验。

托班室外环境创设分享

（二）如何创设托班心理环境

除了肉眼可见的物质环境，心理环境对于幼儿来说同样重要，在幼儿园里，托班幼儿相处最多的人除了小朋友就是老师，对于老师来说，要能够找到并做到和幼儿相处的定位，在很大程度上说，师幼关系成就了大部分的班级心理环境。

1. 妈妈般温暖安全的氛围

托班幼儿是最柔软的群体，他们需要温柔的话语和细腻的情感支持，这就需要教师像妈妈一样给予他们关爱、呵护和安全感，让他们和教师之间形成依恋关系，这样班级内就很容易形成温暖的气氛，也更有助于幼儿对托班生活的适应。

2. 朋友般宽松自由的氛围

要想让幼儿在心理上将托班教师视为可以信赖的朋友，教师要做幼儿情感的倾听者和支持者，耐心倾听幼儿的想法和感受，与他们分享快乐，共同面对困难。这种平等的交流方式有助于培养幼儿的自信心和表达能力。同时，教师像朋友一样在幼儿犯错或遇到困难时给予包容和帮助，也会鼓励其在新的环境积极探索和勇敢尝试。

3. “百宝箱”般惊喜的氛围

托班教师要注重营造惊喜的气氛，比如，可以利用神奇的“百宝箱”，里面藏着各式各样的宝贝：可能有五彩斑斓的贴纸，用以鼓励幼儿；有各种形状的积木，幼儿可以用它们搭建自己的小城堡、小汽车，发挥想象力和创造力；还有生动有趣的绘本，通过丰富的图画和简单易懂的故事，带领幼儿进入一个个奇妙的世界，他们也能感受到来自教师的关怀和鼓励。幼儿觉得教师总是能拿出各种新奇有趣的玩具、材料或故事书，满足他们的好奇心和探索欲。

4. 摄影师般“被关注”的氛围

在托班活动中，教师经常为幼儿拍照，记录他们的成长瞬间。这种记录行为不仅是捕捉并珍视幼儿的每一个时刻，更重要的是能让幼儿感受到教师对自己的关爱与关注，当教师的镜头对向幼儿的时候，幼儿能够感受到教师的爱和期待，至少在那一刻，幼儿会感受到教师的全然关注，会觉得自己是最重要的，从而和教师之间形成一种亲密的联结。

5. 魔术师般神奇的氛围

托班教师要像魔术师一样为幼儿营造神奇的氛围，不妨准备一个“魔法袋”，每天变出不同的惊喜物品，用夸张的语气和动作激发他们的好奇心；在讲故事时，用多变的声音扮演角色，加入“魔法咒语”和悬念，让语言充满魔力；将日常环节变成趣味仪式，比如，用“泡泡魔法”洗手或撒一把“睡眠魔法粉”帮助午睡；还可以用“魔法棒”转换游戏，或每周设置“魔法时刻”，安排简单科学实验或神秘嘉宾登场。关键是用生动的表情、语气和创意，让幼儿每天充满期待：“今天老师会变出什么新花样呢？”

二、创设托班不同功能区的具体方法

托班室内环境创设分享

（一）功能区环境

1. 角色体验类

在托班环境中，角色体验类区域应包含多样化的生活场景，以激发幼儿的模仿与想象。娃娃家是核心区域，需配备符合幼儿尺寸的家具、厨具和仿真食物，所有材料要确保安全（如魔术贴衣物、圆角厨具），并随季节更换道具以增强认知。此外，角色体验类区域可创设小超市（含货架、购物篮和玩具货币）、宠物医院（毛绒动物和医疗玩具）以及交通驿站（方向盘、交通标志等），让幼儿在扮演顾客、医生、司机等角色中发展社交、语言与生活技能。所有区域需采用低矮家具，避免细小零件，并设置生活技能角（如穿珠板、叠衣架）锻炼自理能力。通过定期更新主题（如餐厅、邮局），保持游戏新鲜感，帮助幼儿在模仿中积累经验，促进全面发展。

2. 图书阅读类

营造一个温暖舒适的图书阅读类区域，摆放地毯、靠枕、书架、各种柔软的垫子、毛绒玩具及手偶等，提供布书、洞洞书、发声书等多样化且耐用的书籍，供幼儿单独、结伴或者师生共同惬意地享受阅读。书籍需选择圆角、耐撕耐咬的材质，并定期更换主题，图书阅读类区域应保持安静，注重营造安静温馨的氛围。建议将其设置在教室光线充足的角落，远离嘈杂的活动区，配备柔和的灯光。书架采用开放式矮柜，让幼儿轻松取放图书。墙面装饰着与当前主题相关的简单图画，如“我爱阅读”的照片展示墙，上面展示着幼儿和教师一起读书的照片。

3. 艺术创作类

托班幼儿偏爱鲜亮的颜色，喜欢用各种材料涂涂画画，用各种方式表达自己的感受。艺术创作类区域可以提供大颗粒蜡笔、手指画颜料、安全剪刀、黏土等材料，支持幼儿自由涂鸦、粘贴和捏塑，满足他们对颜色和材料的探索欲望。这些活动不仅能锻炼幼儿的精细动作和手眼协调能力，还能通过色彩与形状的组合激发艺术创造力，帮助幼儿表达情感。幼儿园需选择无毒、易清洗的材料，提供罩衣防水，并设置低矮的作品展示区，让幼儿体验成就感。

4. 建构体验类

建构体验类区域可以提供软质积木、拼插玩具、动物模型等，也可以引入自然物品或其他环保材料如纸杯、纸箱等。以上材料均需选择适宜幼儿抓握的大小，鼓励幼儿进行堆叠、拼搭和场景构建，属于开放性的游戏空间。积木应选择适合托班幼儿抓握的尺寸，建议铺设厚度大于等于 1 厘米的短绒防滑地毯，既保障安全爬坐又相对界定游戏空间。此外，建构体验类区域要提供足量的收纳筐，在游戏后引导幼儿分类收纳，养成良好的秩序感。该类游戏可以使幼儿在“试错 – 调整”的过程中初步建立空间思维、提升问题解决能力及和他人合作的能力，为其全面发展奠定基础。

5. 运动游戏类

在创设运动游戏类区域时，幼儿园应重点打造一个安全有趣且富有挑战性的活动空间，配备大型运动软垫、海洋球池、小型滑梯和平衡木等适龄设备，满足托班幼儿攀爬、跳跃等大肌肉活动需求。所有设施必须符合儿童安全标准，采用圆角设计、防滑扶手等安全措施，海洋球要选用无毒环保材质并定期检查更换。在环境布置上，幼儿园需根据幼儿年龄特点调整设备高度和尺寸，合理搭配海洋球颜色与数量，既能保证活动空间充足又能激发游戏兴趣。这样的运动游戏类区域不仅能帮助幼儿释放能量、增强体能和协调性，还能在游戏过程中培养他们的勇气、规则意识及社交能力，如学会排队等待和轮流使用设施。

北京市朝阳区朝莘蓝岛幼儿园（雅园园）运动区

（二）墙面及地面环境

1. 欣赏类

2~3 岁的幼儿对视觉环境非常敏感，通过展示幼儿的绘画作品、温馨照片和季节主题装饰，可以激发他们的审美兴趣，提升环境的吸引力，使他们感到舒适和愉悦。

绘画作品。展示幼儿的绘画作品，不仅美化了墙面，还增强了幼儿的自豪感。

温馨照片。张贴幼儿和家人、教师的合照，让幼儿感受到家的温暖。

北京市朝阳区亚运村中心幼儿园墙面

季节主题装饰。根据季节的变化更换墙面装饰，如春天的花朵、夏天的海滩、秋天的落叶、冬天的雪花等，以提升环境的趣味性并体现时序变化。

2. 互动类

这个年龄段的幼儿正处于积极探索世界的阶段，通过设置磁贴墙、拼图墙和触摸墙等互动元素，可以提供丰富的感官刺激和动手操作的机会，帮助他们发展手眼协调能力、逻辑思维能力和创造力。

磁贴墙。设置一面磁贴墙，幼儿可以用磁贴拼出各种图案或字母，锻炼他们的手眼协调能力和创造力。

拼图墙。安装一面拼图墙，幼儿可以自由拼凑各种形状和图案，增强他们的逻辑思维和动手能力。

外交部幼儿园互动墙面

触摸墙。设计一面触摸墙，上面有不同材质的物品（如绒布、木头、塑料等），让幼儿通过触摸感受不同的质感，丰富他们的感官体验。

3. 提示类

托班幼儿正在逐步学习独立生活的能力，通过张贴日常行为提示和安全标识，可以帮助他们理解和遵守简单的规则，形成良好的生活习惯和安全意识，从而使其更好地适应集体生活。

日常行为提示。张贴简单的日常行为提示，如“我会洗手”等，帮助幼儿养成良好的习惯。

安全标识。在墙面合适的位置张贴安全标识，如“小心滑倒”“禁止触摸”等，提醒幼儿注意安全。

第三节 托班环境创设特别提示

一、托班和小班环境的差异化

在进行托班环境创设时，要考虑不能复制小班的环境，可以从以下几个方面注意区别。

第一，空间布局方面。托班的幼儿更小，需要更安全、更开放的空间，避免太多障碍物。比如，地面可以用软垫，家具圆角处理。小班的幼儿活动能力更强，可能会划分不同的活动区域，如角色扮演区、积木区等。要举例子的话，托班可能有一个大的爬行区，而小班可能有多个分隔的小区域。

第二，设施安全性方面。托班可能需要更多的防护措施，如防撞条、安全门，防止幼儿受伤。小班虽然也注重安全，但会相应减少这些措施，因为幼儿更懂事了。例如，托班的插座都带保护盖，小班可能只是简单遮挡，但更多的是教育幼儿不要碰。

第三，玩具教具方面。托班可能更多是感官刺激的玩具，如摇铃、软积木；而小班会有更复杂的拼图、建构类玩具。比如，托班用大块泡沫积木，小班用乐高积木。

第四，生活区域方面。托班可能需要更多的成人辅助设施，而小班可能设置自理区。例如，托班有尿布台，小班有挂钩让幼儿挂书包。

第五，整体装饰风格方面。托班可能用柔和的色彩和卡通形象营造温馨感；小班可能更活泼，有更多的幼儿作品展示。比如，托班的墙上贴着小动物，小班则展示幼儿的手工画。

二、通过家园合作的方式丰富托班环境

幼儿的教育离不开幼儿园和家庭的双重配合，尤其是针对托班幼儿，无论是幼儿园还是家庭都是幼儿熟悉的学习和生活环境，因此在环境创设方面需要做到家园合力。例如，幼儿园可以定期邀请家长参与环境创设。家长可以和幼儿利用生活中的废旧材料，如纸板、布料、塑料瓶等，共同动手制作各种教育玩具和装饰物；也可以和幼儿一起用彩纸折出五彩斑斓的花朵，贴在教室的墙壁上，创建一个生机勃勃的自然角；还可以和幼儿用废旧布料缝制出可爱的小动物玩偶，放置在阅读区，激发幼儿的阅读兴趣。托班环境的创设应让每个细节都承载着家庭的文化基因，从而使托育空间真正成为延续家庭温暖的成长共同体。此外，家园双方也可以通过“家园蜜语”的方式实现环境互动，将家园之爱定格在环境中，使其流动起来。

北京市朝阳区翠成幼儿园楼道环境一角

三、让托班幼儿有更多的参与性

托班环境的创设应当让幼儿有更多的参与性，这不仅有助于培养幼儿的动手能力和创造力，还能让他们感受到自己是环境的主人，从而更加热爱和有归属感。在环境创设的过程中，托班的环境不一定要多么精美，但一定要让幼儿感到温暖和熟悉。比如，教师和幼儿一起根据大寒节气做糖葫芦，做好的作品可以直接呈现在作品墙上，当幼儿看到自己做的糖葫芦被呈现在作品墙上和其他小朋友分享时，会觉得非常开心和自豪，这不仅是幼儿“认识”的环境，也是幼儿喜欢的环境。总之，在给幼儿创设的环境中，幼儿必须是环境的主人，要让他们成为环境创设的主体和受益者。

四、一米高度看环境的幼儿视角

从托班幼儿的一米高度视角来看，完整的幼儿视角需涵盖显性维度和隐性维度。显性维度是指环境的高度要符合幼儿视角，要让幼儿一眼便能看到，据国家卫生健康委《7 岁以下儿童生长标准》（WS/T 423—2022），2 岁幼儿男女童综合身高为 85~90 厘米，3 岁幼儿男女童综合身高为 95~100 厘米；《北京市托育机构登记和备案实施细则（试行）》（京卫家庭〔2020〕6 号）中提到安全防护重点区域为 0.6~1.2 米的墙面，使用软包、圆角设计，避免硬质尖锐材料。这是保护幼儿的具体高度，也是幼儿常活动和可接触的高度，因此，班级最适合幼儿进行欣赏和互动的环境便是设置 0.6~1.2 米的墙面。隐性维度则是指环境的创设要符合托班幼儿的年龄特点，真正做到托班幼儿视角中的生动有趣。

五、结实和可拆卸相结合的灵活材料

托班幼儿处于好奇心旺盛、探索欲望强烈的阶段，他们常常喜欢用手抠东西、拆东西，以满足对周围世界的认知需求。因此，为托班幼儿创设一个既安全又富有探索性的环境显得尤为重要，这样的环境应当是结实和可拆卸相结合的。

所谓“结实”，是指环境中的家具、玩具等设施必须稳固可靠，能够承受幼儿正常的探索和操作行为，避免由不牢固导致意外伤害。例如，墙面上的装饰物应使用牢固的挂钩或钉子固定，确保不会因幼儿的拉扯而脱落；玩具的构造要结实，不易被幼儿轻易掰断或拆散。所谓“可拆卸”，则是指环境中的某些部分可以设计成易于拆卸或重组的，以满足幼儿动手探索的需求。比如，提供一些由大块积木搭建的玩具，可以让幼儿自由拆卸和重新组装；墙面上的磁性贴纸或拼图，可以让幼儿根据需要随意更换位置或组合；一些简单的机械玩具，如带有可拆卸部件的小车或机器人，可以让幼儿在操作中了解机械的结构。总之，适宜托班幼儿的环境应当是既结实又富有探索性的，通过结实的基础设施保障幼儿的安全，通过可拆卸的设计满足幼儿的探索欲望，让幼儿在动手操作中快乐成长。

实践任务

1.“一米高度”观察体验

教师将自身高度以蹲下的姿态调整至 1 米左右，模拟托班幼儿视角。在教室内外进行观察，重点关注以下几个方面。

安全性：是否存在安全隐患（如尖角、电源插座、易碎物品等）？

舒适性：家具尺寸是否合适？光线是否充足？温度是否适宜？

方便性：玩具、图书、材料等是否方便幼儿取用？

趣味性：环境是否吸引幼儿？是否有足够的探索空间？

标识系统：标识是否清晰易懂？是否符合幼儿的认知水平？

美感：整体的色彩布局是否感觉舒适安宁？

请用手机或相机拍摄照片，记录下你的观察和发现。

2. 环境改进方案设计

根据观察结果，选择 1~2 个最需要改进的环境细节。

设计环境改进方案，并说明设计理念和预期效果。

3. 实践与反思

将改进方案付诸实践，并观察幼儿的反应和互动。

反思改进效果，并思考如何进一步优化环境。

4. 任务成果

一份“一米高度”观察记录（包括照片和文字描述）。

一份环境改进方案设计（包括设计图和文字说明）。

一篇实践反思报告（包括改进效果和优化建议）。

托班环境创设资源推荐

［1］威廉．0—3 岁婴幼儿托育机构环境创设［M］．北京：中国轻工业出版社，2023.

［2］上海市教育委员会教学研究室．联结自然，在生活中成长：我们这样创设托班环境［M］．上海：华东师范大学出版社，2022.

［3］曹惠容，郭殷．托育机构环境创设［M］．上海：复旦大学出版社，2022.

第二章

托班活动
组织的知与为

第一节 托班活动组织知多少

一、托班活动组织的价值与意义

托班活动组织，是指教师以促进幼儿身心健康发展为核心，通过精心设计各类活动，为幼儿营造安全温馨环境，助力其从家庭迈向集体生活，并培养幼儿自理、社交、认知等多方面能力的系统性工作。在幼儿成长进程中，从熟悉的家庭小环境迈向集体生活大舞台，是极为关键的一步。托班活动组织便在此发挥着无可替代的桥梁作用。在日常生活的点点滴滴中，幼儿通过参与各种生活活动，逐渐学会自己穿衣、洗手、进食，自理能力开始萌芽；在充满趣味的游戏互动中，大运动技能、社交能力、认知发展和语言表达能力等的种子开始扎根并茁壮成长。这些能力的培养相互交织、相互促进，最终汇聚成一股强大的力量，全面推动托班幼儿的身心健康发展，为他们未来成长的道路打下坚实基础。

二、托班活动组织的理论基础

（一）陈鹤琴的“活教育理论”

我国著名教育家陈鹤琴明确提出“生活即教育”理念，尤其是在幼儿的成长过程中，生活和经验发挥着关键作用，强调注重幼儿直接经验的获取，倡导借由日常生活开展教育，让他们在实践中学会生活，积累经验并提升能力，这与托育服务中保育和教育融合的特性高度适配。与此同时，陈鹤琴指出，幼儿生来是好动的，是以游戏为生命的。对于

2~3 岁的幼儿而言，独自游戏与小团体游戏都是其成长中不可或缺的部分[①]。此外，陈鹤琴还强调：幼儿教育是一件很复杂的事情，既不是家庭能单独胜任的，也不是幼儿园能单独胜任的，必定要双方共同合作方能得到充分的功效。对于幼儿而言，家庭是他们最初的生活环境，托育机构则是他们迈向社会的第一步，两者在幼儿成长的过程中缺一不可。他主张利用社会资源辅助教育，家庭和托育机构可以共同组织亲子活动，带领幼儿走进大自然、博物馆、公园等场所，让幼儿在更广阔的天地中学习和探索。例如，组织亲子户外野餐活动，在享受自然的同时，培养幼儿的社交能力、观察能力等。基于陈鹤琴的“活教育理论”，托班教师在一日生活中，要把入托离托、饮食等日常环节当作教育契机，让幼儿在真实生活里学习；为幼儿提供适宜的游戏工具，规划好时间、空间，投放多样材料，多组织小团体游戏，促进社交发展。托班教师还要加强家园合作，定期交流，携手推动幼儿全面成长。

（二）皮亚杰的认知发展理论

皮亚杰将儿童认知发展划分为四个阶段，0~3 岁的幼儿要依靠感知觉和具体动作适应并探索外部世界。他们对物体的感知紧密关联自身行动，思维并非预先规划，而是在行动过程中逐步形成，呈现典型的边做边想模式，皮亚杰将其概括为“感知觉运动”阶段。这一阶段的幼儿通过视觉、听觉、触觉等各种感官收集外界信息，同时借助身体运动加深对世界的认知。发展较快的托班幼儿会处于前运算阶段的初期。这一时期，幼儿开始运用象征符号进行思维，思维具有自我中心性，常从自己的角度看待事物，难以站在他人的立场思考。例如，在游戏中，幼儿可能自顾自玩耍，较少考虑同伴的想法，经常会出现争抢玩具的现象。并且，象征性游戏在此阶段发展起来，他们能够理解假装游戏，如你递给

① 陈鹤琴．陈鹤琴教育思想读本：儿童游戏与玩具［M］．南京：南京师范大学出版社，2013：35.

2 岁的幼儿一块毛巾，让他把想象出来的水渍擦干净，他会照着做[①]。鉴于 2~3 岁幼儿的这些特点，托育课程不应是抽象的学科知识堆砌，而应是深度融入幼儿的真实生活。幼儿在与生活中的人、事、物相互作用时，能积累丰富经验，发展多元能力，塑造独特个性。在一日生活中，托班教师应着重为幼儿创设丰富的生活场景，如模拟厨房，摆放各类食材；提供多样材料，如不同质地的布料、形状各异的积木等。在日常活动中，托班教师应引导幼儿积极参与，如用餐时让他们自己尝试使用餐具。

（三）维果茨基的社会文化理论

维果茨基强调社会文化环境对儿童发展的重要性，认为儿童通过与他人互动学习和发展。维果茨基的社会文化理论指出，成人与儿童互动对儿童高级心理机能和个性发展极为关键。高级心理机能始于人与人之间的外部动作，经多次重复内化为个体内部智力动作。幼儿发展依赖此内化过程，且离不开与成人的有意义互动[②]。因此，幼儿教育需构建在积极且充满爱的师生关系之上。同时，他提出“最近发展区”的概念，即幼儿存在实际发展水平，也就是靠自身心理机能可独立解决问题的能力，以及潜在的发展水平，即在成人指导下解决问题的能力，两者的差距即最近发展区，教育理应聚焦于此。基于该理论，在托班一日生活里，教师要时刻关注与幼儿的互动。在日常交流、游戏等活动中，教师应积极回应幼儿的各种表达，无论是语言还是动作、表情等信号，都应给予充分的关爱与支持。通过持续观察，精准识别幼儿现有的发展水平。

---

① 谢弗，等．发展心理学：儿童与青少年：第 8 版［M］．邹泓，等译．北京：中国轻工业出版社，2013：240.

② 尹坚勤．生活与回应：托育机构一日生活指导用书［M］．北京：教育科学出版社，2024：7.

三、托班活动组织的类型

托班活动包括“生活活动”“游戏活动”“圆圈活动”“拓展活动”四大板块。

“生活活动”主要包括来园、如厕、进餐、午睡、离园五个重要环节。

“游戏活动”主要包括室内自主游戏、户外活动两个部分。

“圆圈活动”主要包括游戏、歌曲、故事、讨论等形式，是师幼共同参与的结构化的集体互动活动。

“拓展活动”主要包括节日节气活动、亲子活动两个部分。

基于“生活即教育”理念，依据2~3岁幼儿的年龄特点，下一节将以托班教师关注的重点问题为切入点，从“生活活动”“游戏活动”“圆圈活动”“拓展活动”四大板块，重点阐述每个环节“幼儿可以做什么”，相信每个幼儿都是有能力的学习者，在此基础上，具体阐述“教师需要做什么”，包括做哪些“适宜行为”，过程中可以有哪些“伴随指导语”回应幼儿的发展需求，以及需要有哪些“注意事项”提示教师的具体操作；同时，会针对生活环节提出“智慧囊”，为教师可能遇到的棘手问题提供可操作性的指导建议。

第二节　托班活动组织何所为

一、生活活动

（一）来园

来园环节是托班一日生活的开端，也是幼儿从家庭环境过渡到集体生活的关键时刻。这一环节不仅影响幼儿一天的情绪状态，还为他们适应集体生活奠定了基础。因此，托班教师需要精心设计来园环节，确保幼儿在安全、舒适的环境中开始新的一天。

1. 幼儿可以做什么

适应新环境：幼儿逐渐熟悉托班的环境，包括活动室、玩具、教师和同伴。

自我服务：幼儿可以尝试自己换鞋、放书包、整理衣物等，逐步培养自理能力。

情绪调节：幼儿在教师的引导下，逐渐学会调节情绪，适应与家长的短暂分离。

参与晨间活动：幼儿可以参与简单的晨间游戏或活动，逐渐融入集体生活。

2. 教师需要做什么

来园环节教师行为指引见表 2-1。

表 2-1　来园环节教师行为指引

适宜行为	伴随语言	温馨提示
提前准备环境：确保活动室整洁、玩具材料齐全，营造温馨的氛围	—	早入园时间比较短，最好提前一天做好准备
迎接幼儿和家长：在门口微笑迎接，蹲下与幼儿平视，给予温暖的问候；同时，鼓励幼儿用自己喜欢的方式和教师打招呼，例如，拉手、挥手、拥抱、微笑等	“早上好，××！今天看起来精神很好呢！” “××，早上好！今天的帽子好酷呀！像一个小牛仔。”	请提前了解班级里每个幼儿家庭安抚的方式和策略，以便接待时应用。切勿有以下行为： 1. 看到幼儿和家长面无表情，态度冷漠，不主动迎接，不主动向幼儿和家长问好； 2. 用非常大的声音与幼儿打招呼，抑或给幼儿突如其来的拥抱和亲吻，尤其对抗拒型，不愿意身体接触的幼儿

续表

适宜行为	伴随语言	温馨提示
与家长沟通：简短了解幼儿的身体状况和特殊需求，建立家园联系	“××，今天早上吃饭了吗？有没有什么特别需要注意的？”	沟通要简洁明了，避免占用过多时间
安抚情绪：对于有分离焦虑的幼儿，给予情感上的支持和安抚	“我知道你有点想妈妈，妈妈下午会来接你的，现在我们一起玩吧！”	1. 避免强行分离，给予幼儿足够的时间适应。 2. 切勿用粗暴的方式让家长和幼儿分开，用恐吓、威胁的方式让幼儿停止哭闹。例如，“你再哭，你妈妈就不要你了”，“你再哭，老师就不喜欢你了”
协助幼儿完成自我服务：引导幼儿自己换鞋、放书等，逐步培养自理能力	“你可以试试自己换鞋，我会在旁边帮你哦！” “××能自己找到小抽屉啦，你可以试试拉开抽屉把小书包放进去，（幼儿放进去后）把抽屉关上吧，××自己把东西整理好，又长大了（可以抱抱或竖大拇指）。”	1. 鼓励幼儿尝试，必要时给予适当的帮助。 2. 切勿直接帮幼儿把物品放置好或者一次性说一连串的要求，刚开始培养的时候，可以使用一些镜面语言描述鼓励幼儿
组织晨间活动：安排简单的游戏或活动，帮助幼儿融入集体	—	1. 可以播放轻柔的背景音乐，提供舒适的角落供幼儿休息或者安抚情绪。 2. 活动内容要简单有趣，适合幼儿的年龄特点，最好只安排一个活动。 3. 幼儿熟悉托班生活后，活动的内容不仅局限于游戏，也可以是做一些力所能及的“劳动”，比如，擦柜子、扫垃圾、叠毛巾、挂装饰等，这些生活活动也能培养幼儿的动手能力，有利于幼儿自我意识的增强。需要注意的是，要提供对应人数的工具，避免争抢

智慧囊

入园适应期，每天早入园幼儿都哭怎么办

原因剖析：幼儿每日早入园时的崩溃大哭和拒绝进食行为，是其面对新环境时典型的分离焦虑表现。通过哭泣，幼儿能够释放内心的压力和紧张感，有助于情绪的平衡和稳定。

应对锦囊：面对此种情况，一方面，教师不应要求幼儿立即停止哭泣，而应允许幼儿表达自己的情绪，并温柔地蹲下身来，用温暖的眼神和轻柔的声音告诉幼儿："妈妈只是暂时离开，下午就会来接你的。"另一方面，教师允许幼儿哭泣，实际上是在鼓励他们表达自己的真实感受。这有助于幼儿建立健康的情感表达方式，学会识别和表达自己的情绪，从而增强自我认知和情绪管理能力。在此过程中，他们也会感受到被理解和接纳。这种被理解和接纳的感觉有助于师幼之间建立信任关系和情感联结，从而在一定程度上帮助幼儿缓解分离焦虑，逐步适应托班的生活。

值得注意的是，每个幼儿适应的时间是不一样的，有的会哭一个星期，有的会哭一个月，有的可能会哭更长的时间，还有的会遇到小长假间断性哭泣，我们要做的是尊重幼儿的个体差异，陪伴他们慢慢消化自己的情绪，慢慢打开心扉，从小家走进大家。

来园环节教师的工作常规

（二）如厕

如厕能力的培养是托班幼儿生活自理能力发展的重要环节，也是其由依赖成人照顾逐步走向独立的关键一步。如厕不仅是生理需求的满足，更是幼儿身体协调能力、自我控制能力、情绪调节能力以及社会适应能

力综合发展的基础。研究表明，2~3 岁是幼儿如厕训练的黄金期，这一阶段的科学引导能够有效促进幼儿的生理成熟与心理成长，为其未来的独立生活奠定坚实基础。

1. 幼儿可以做什么

表达生理需求：能用简单的语言或动作示意如厕需求。

尝试穿脱衣物：在教师协助下，学习提拉、整理裤子。

使用如厕设施：初步适应坐便器或蹲厕，保持身体平衡。

完成如厕流程：便后尝试用纸巾清洁，并在教师指导下洗手。

遵守规则意识：排队等待、保持环境整洁等。

2. 教师需要做什么

如厕环节教师行为指引见表 2–2。

表 2–2 如厕环节教师行为指引

适宜行为	伴随语言	温馨提示
做好卫生消毒：确保桌面干燥，避免地面打滑，清洁用品充裕且方便拿取	—	马桶可采用卫生湿巾“一用一消”，在午睡完离园后进行“清—消—清”的消毒方式
了解每个幼儿的排便习惯：除相对固定组织集体排便外（如户外前、午睡前），针对幼儿的个性化需求进行提醒和检查尿不湿，鼓励幼儿主动如厕	—	—
科学安排如厕时间：根据幼儿生理规律安排如厕时间，如活动前后、餐后半小时、睡前等，避免统一强制	—	1. 即使集体如厕，也要尊重幼儿的生理习惯和排便需求。 2. 切勿强迫幼儿试一试，出现威胁幼儿的情况，例如，对幼儿说“你现在不尿，上床就不能出来尿了”等负面语言

续表

适宜行为	伴随语言	温馨提示
观察并回应不同能力水平幼儿的如厕信号： 1. 能够用语言表达如厕需求或直接自己去厕所，及时陪伴幼儿如厕，关注需求； 2. 无法用语言，但可以用肢体语言（拉教师去厕所，用手指盥洗室），用规范的语言为幼儿示范如何表达如厕意愿； 3. 不表达需求也不能自主去厕所的幼儿，关注是否出现坐立不安、夹腿等行为，及时引导，避免由紧张导致尿湿裤子	“×× 是不是想小便了？老师陪你一起去。” “下次 ×× 可以和老师说，我想小便 / 大便，试试说一次好吗？” “说得真清楚，真棒！”	当幼儿处于戒断尿不湿的时候，要特别关注与提醒幼儿如厕和是否尿裤子
观察幼儿穿脱裤子情况： 1. 幼儿可以自己穿脱裤子时，教师耐心陪伴幼儿完成，并蹲在旁边用具体的言语鼓励幼儿，为其整理衣服（尤其是冬天帮忙把幼儿的上衣平整地掖进裤子，不让小肚子着凉）； 2. 幼儿不会或者不能熟练穿脱裤子时，教师鼓励幼儿尝试，并用语言或配合动作示范提示幼儿操作步骤； 3. 幼儿便意较急，但脱裤子不熟练时，教师可引导幼儿看墙面图示，边用语言解释步骤边协助幼儿脱裤子，如厕后，鼓励幼儿自己穿上裤子； 4. 幼儿遇到困难穿脱不下来时，教师先询问幼儿是否需要帮助，如果需要帮助，教师一边帮忙一边言语解释，如果不需要帮助，教师可以继续等待幼儿自己尝试探索，成功后给予肯定； 5. 幼儿会穿脱裤子但是不想自己动手，想等教师帮忙时，当下教师要积极鼓励并设置有趣情境引导，与家长沟通在家也要配合，不给幼儿代劳，培养其自理习惯	“×× 真棒，双手一提就把小裤子穿好啦！” “老师看看，小裤子提得真不错，现在小衣服把小肚子也护住了，×× 更舒服啦！” “小手抓住裤腰，轻轻往下拉。对啦，就是这样！” “×× 看老师，抓住小裤腰，轻轻一拉就下来了，你也试试。” “老师先帮你把裤子脱下来，现在你可以小便 / 大便啦！” “老师帮 ×× 擦干净小屁股了，可以站起来，自己把小裤子提上来了！” “××，现在需要老师帮助吗？” “你看，大拇指塞进裤腰，双手抓紧一拽就下来了！” “你穿裤子可厉害啦，今天咱们来玩个穿裤子的小游戏，就像小火车钻山洞，你肯定能做得又快又好，老师相信你！”	1. 提醒家长给幼儿穿带有松紧带的裤子并且多带几套换洗衣物和一双备用鞋，便于幼儿穿脱和更换。 2. 避免横向比较，尊重幼儿个体差异；对幼儿的倒退行为保持耐心，用给予拥抱、竖大拇指、奖励贴纸等方式强化进步

续表

适宜行为	伴随语言	温馨提示
观察幼儿排便、排尿姿势并辅助清理： 1. 幼儿可以自主排便、排尿，教师耐心陪伴幼儿完成； 2. 男宝小便时关注是否姿势正确，有没有尿裤子，女宝辅助或者言语提醒用纸擦残留尿液； 3. 如果出现尿裤子时，教师及时温柔地为幼儿更换衣物，并示范如何避免尿湿裤子； 4. 幼儿大便后，教师要温柔地帮忙擦拭	“昨天老师刚告诉 ×× 怎么使用小马桶，他 / 她今天就会自己用了，太厉害了！” “小便完了，我们可以拿纸轻轻擦一擦呦！” “马桶旁边有扶手，扶着它就不会滑倒啦。” “裤子尿湿了，我们一起换上新衣服，会更舒服一点，好不好？” “拉完了，老师帮忙擦擦小屁股，现在干净啦！” “可以提上小裤子，按下冲水小按钮了。”	1. 教师给幼儿提裤子、换尿不湿或者换衣服，要动作言语温柔地为幼儿清洁擦拭，更换衣物，并且边做边说接下来要做的事情。 2. 避免整个过程一言不发，态度冷漠，表现出嫌弃或者不注意保护幼儿隐私，在其他幼儿面前更换
照护使用纸尿裤的幼儿：根据幼儿的排便规律，及时为幼儿更换纸尿裤，尤其在大量饮水半小时后、身体不适、家长特别提醒、长时间活动后需重点关注	“××，老师看看你的纸尿裤满了吗？ “纸尿裤满了，我们现在一起去换一个新的吧，哪个是你的纸尿裤呀，给老师拿一个好吗？” “一下子就找到了，现在老师要把你抱到尿布台上，把小鞋子脱下来，然后……”	—
观察记录排便情况和皮肤状况：记录排便的次数、排便的颜色形态，关注臀部、阴部的皮肤状态（是否有红屁屁、湿疹、小疙瘩等），并及时向家长做好反馈	—	如出现以下情况，要及时反馈给保健医和家长，及时采取有效措施： 1. 大便颜色异常（如黑色、红色、白色等）； 2. 大便性状过稀，呈水样或糊状； 3. 便秘（大便干结，难以排出）； 4. 大便中有黏液、血液、奶瓣等异常物质
引导如厕后的清洁习惯：幼儿洗手时在旁边耐心陪同；幼儿不会、不熟练、简单冲一下或者没有撸起袖子的时候，用言语和手势引导幼儿规范洗手	“小手搓泡泡，指缝也要洗，冲干净后擦一擦。” “我们一起搓一搓，冲一冲，小手干净啦。”	张贴洗手步骤图，搭配儿歌强化记忆；提供幼儿专用洗手液和低矮水池

智慧囊

不喜欢上厕所总尿裤子怎么办

原因剖析：幼儿抗拒上厕所、常尿裤子，原因有三。其一，环境变更，入园前幼儿熟悉家中环境，充满安全感。初入幼儿园时，陌生的空间、伙伴与教师，使其内心不安，抵触在园如厕。其二，关乎性格，内向幼儿心思内敛，对他人的看法敏感，在集体环境中，面对教师会腼腆，羞于表达上厕所这类私密需求，导致尿裤子情况频发。其三，环境干扰，当幼儿沉浸在有趣的活动时，内心抗拒被打断去上厕所，尿裤子在某种程度上成为他们宣泄不满情绪的方式。

应对锦囊：针对这些情况，教师与家长可协同应对。教师要给予理解与耐心引导，当幼儿抗拒时别强硬要求，而是温柔沟通，如说："宝贝，不想去厕所没关系，想上时一定要告诉老师。"让幼儿感到被尊重，缓解心理压力。同时，构建家园共育模式。入园前，教师和家长深入交流，了解幼儿在家如厕的习惯、作息，为入园引导打基础。在园期间，教师增加提醒频次，微笑、轻抚鼓励幼儿，陪同前往厕所，助其适应流程。家长在家也要培养幼儿定时如厕的习惯，保持家园教育一致。

值得注意的是，每个幼儿适应幼儿园如厕的进度不同，有的快，有的慢，还有的会出现因节假日反复的情况。教师与家长需尊重个体差异，耐心陪伴，帮助幼儿克服在园所如厕的抗拒，融入集体生活。

盥洗环节教师的工作常规

（三）进餐

进餐是幼儿日常生活中的重要环节，不仅是满足其生理需求的过程，更是培养其自我服务能力、规则意识和社会交往能力的关键环节。进餐的目的不仅是让幼儿吃饱，更是通过进餐活动，帮助他们逐步掌握使用餐具、整理餐具、表达需求等基本的生活技能，促进其精细动作、认知能力和情感发展的全面提升。

1. 幼儿可以做什么

自主选择食物：幼儿可以根据自己的喜好选择食物，逐渐培养自主意识。

使用餐具：幼儿可以尝试使用勺子、叉子等餐具，逐渐掌握基本的进餐技能。

整理餐具：幼儿可以在进餐结束后，将自己的餐具放到指定位置，培养良好的生活习惯。

参与进餐准备：幼儿可以协助摆放椅子、摆放餐具等，增强参与感和责任感。

表达需求：幼儿可以通过简单的语言或肢体动作表达自己的进餐需求，如“还要”“不要”等。

尝试新食物：幼儿可以在教师的鼓励下，尝试新的食物，逐渐拓宽饮食范围。

自我服务：幼儿可以自己围围兜、端碗、擦嘴等，逐步提升其生活自理能力。

2. 教师需要做什么

进餐环节教师行为指引见表 2-3。

表 2-3 进餐环节教师行为指引

适宜行为	伴随语言	温馨提示
做好卫生消毒工作：餐前严格按照卫生保健要求“清—消—清”清洁桌面	—	1. 如果班级分为多个教室，保育员需要先协助带班教师将所有幼儿集中在一起，再着手餐前准备活动。 2. 消毒的同时关注个别需要如厕、盥洗、饮水等特殊需求的幼儿，以此保障所有幼儿都在教师的可视范围内
了解每个幼儿的饮食习惯：进餐的方式、习惯、饮食偏好、过敏原等信息	—	在班级内部公示栏或者其他直观的地方张贴幼儿进餐的特殊照护需求，以便随时查阅
营造愉快的进餐氛围：可以通过播放轻音乐的方式发出餐前洗手以及进餐的信号，帮助幼儿获得良好的情绪体验；或餐前讲述与食物相关的有趣故事，增加进餐的乐趣	“哇！今天的饭菜真香呀，有 ×××、×××（报菜名）快来尝尝吧。”	1. 餐前进行安静活动，避免进行大运动或者情绪起伏的活动。 2. 切勿为了尽快完成进餐环节，出现直接帮忙喂饭、严厉或者威胁的方式要求幼儿快吃干净、吃得慢直接倒掉等行为，不利于幼儿的进餐体验和行为习惯的培养
提供准备餐前活动的机会：在幼儿了解、熟悉、适应园所一日生活后，可以邀请幼儿帮忙摆放椅子，分发餐具，并及时给予肯定和表扬	“××，可以帮我每个桌子上放一个盘子吗，就像这样（示范在一张桌子上放一个盘子）。” “××，你太能干了，把所有的小椅子都摆放好，等下其他小朋友就可以直接坐下吃饭了！”	可以先邀请班级中大月龄或者能力强的幼儿来帮忙，他们会很乐意于参加此项活动，展现自己能力

续表

适宜行为	伴随语言	温馨提示
帮助幼儿熟悉进餐流程，并提供自我服务的机会：鼓励幼儿自己带上围兜、自己取餐、自己拿勺子、自主进餐、端碗喝汤、收拾桌面残渣、送餐具、擦嘴漱口、搬椅子到指定位置、做好午睡前准备等自我服务	“吃饭前先围好围兜，像我这样，你自己试试吧。” “看，像我这样用勺子舀起食物，慢慢送到嘴里。” “××自己用勺子吃到美味的饭了，太厉害了！” “吃饱啦，我们一起送小餐具回家吧。”	1. 从自己带围兜到进餐结束，这个过程幼儿并不能像成人一样做得流畅完美，所以要提前做好心理建设，能够接受做得不完美或出现一些脏乱的现象，要给予幼儿充分尝试和体验的空间，必要时提供适当的支持，循序渐进地陪伴幼儿慢慢养成独立进餐的好习惯。 2. 在独立进餐方面要充分尊重个体差异。 （1）对于年龄较小不能自主进餐的幼儿，教师可以先示范，再鼓励他们尝试，避免急于求成；也可以在娃娃家游戏中多提供餐具，帮助幼儿练习使用工具。 （2）对于不能独立进餐但是想要尝试的幼儿，可以先盛少量，允许用自己的方式进餐（如用手抓或者勺子和手并用）或者教师协助用勺子吃一口，幼儿自己吃一口的方式，帮助他们先获得成功进餐的体验。 可以通过简单的指令和环境创设，帮助幼儿养成良好的整理习惯。例如，在分餐桌上做卡通的碗、盘、勺子篓的标识，方便幼儿将餐具放到指定位置，同时可以设计“送餐具回家”游戏，提升幼儿的参与感

续表

适宜行为	伴随语言	温馨提示
及时回应幼儿的各类需求： 1. 了解幼儿是否吃饱，适应期教师可以通过观察幼儿的表情和动作，及时回应他们的需求，避免忽视或误解，比如通过简单的提问，如“还要吗”或“吃饱了吗”，了解幼儿的需求，后期可以通过手势表达需求，如举手添饭、举拳头盛汤； 2. 出现哭闹的情况时，首先教师要安抚幼儿情绪，切勿强行喂饭造成意外伤害，先将饭菜保温，安抚情绪后，酌情进餐； 3. 出现边吃边玩、吃得慢、不肯吃、挑食、厌食等情况时，教师要先分析背后的原因（是否因为两餐间隔短吃不下、家里存在看电视吃饭的不良习惯导致注意力不集中、惦记玩玩具不好好吃、家中固有的饮食习惯导致挑食等），再采取相应的措施； 4. 出现打翻餐具时，教师应先安抚，然后与幼儿共同清理，避免其产生心理负担	“你是不是还想吃？还是已经饱了？” “我在这里，你一定遇到了不开心的事情，来抱抱，抱一抱就好多啦？” “你看这个胡萝卜像不像魔法棒，吃了能让你像小兔子一样蹦蹦跳跳更有力气呦。” “没关系，老师知道你不是故意的，咱们一起收拾干净，重新盛饭吧。”	1. 早上晚来的幼儿及时了解是否吃过早饭，避免饮食过量或者饿肚子的情况。 2. 即使鼓励后，幼儿仍出现不想进餐的强烈意愿，切勿强行喂饭，尊重幼儿的意愿，后续及时与班级教师分析原因，并与家长沟通进餐情况。 3. 进餐过程出现的各种问题都是教育的契机，需要及时与家长沟通，向家长介绍幼儿的具体情况，分析背后的原因以及在家可操作性的改善方案，共同助力幼儿行为习惯的养成，切勿直接把问题抛给家长，没有解决的方案，造成家长的焦虑。尤其要重点关注营养不良、肥胖、贫血、近期有口腔问题、积食、消化不良、腹泻、便秘等情况的幼儿
关注和处理进餐中的突发状况：高度警惕是否被食物噎到、出现呕吐等突发情况，如当幼儿出现噎食等情况时，教师应冷静处理，采取海姆立克急救法等措施（详细方法可见第六章）	—	1. 班级教师日常做好应急演练，明确分工，谁负责处理突发情况、谁负责联系保健医和家长，以及谁负责照顾大部分幼儿，以便有效处理突发情况。 2. 睡前一定要进行餐后散步，避免出现食管返流窒息的意外伤害

智慧囊 ▶▶▶▶

幼儿挑食怎么办

原因剖析：幼儿出现挑食现象，原因较为多样。首先，从饮食习惯形成角度来看，家庭喂养方式影响深远。若家长自身挑食，未给幼儿提供丰富多元的食物种类，则易让幼儿形成挑食偏好。例如，家长不爱吃胡萝卜，家中餐桌上极少出现，幼儿便可能因缺乏接触而拒绝尝试。其次，感官体验是关键因素。托班幼儿对食物的质地、气味和外观极为敏感。某些食物有特殊的口感，如蘑菇的软滑、芹菜的纤维感，或者特殊气味，如香菜味儿，都可能引发幼儿本能的抗拒，导致挑食行为。最后，进餐环境会干扰幼儿进食。幼儿园集体进餐时，若环境嘈杂、秩序混乱，幼儿注意力易分散，就无法专注进食；或者进餐时间安排不合理，幼儿尚未产生饥饿感，便难以对食物提起兴趣，从而出现挑食情况。

应对锦囊：面对幼儿挑食，可从多个方面改善。其一，教师应营造积极进餐的氛围，进餐前讲述有趣的食物小故事，如“胡萝卜先生帮助小兔子打败大灰狼”，激发幼儿对食物的好奇。进餐时，对尝试新食物的幼儿给予表扬，如“宝贝尝试了西兰花，你真勇敢，吃了它会像超级英雄一样强壮”。其二，家园共育同样重要。入园前，教师与家长沟通，了解幼儿在家的饮食习惯，尽可能与幼儿园保持一致，助力幼儿克服挑食问题。比如，××不爱吃蔬菜，经过持续观察记录，发现她能接受馄饨、饺子、包子里的蔬菜，且在家的表现也是如此，妈妈也常把蔬菜包成馅儿给她吃。针对这类情况，教师在幼儿园可根据幼儿的特点巧妙调整食物的呈现形式。就像幼儿园常为托班幼儿提供彩色小馒头做主食，因其松软、易抓握、方便自主进餐，于是为××特制了馒头三明治，将蔬菜包裹其中，成功让××接受，保证她每天都能摄入一定量的蔬菜，均衡营养。

值得注意的是，每个幼儿改善挑食的进度不同，有的可能迅速接受新食物，有的则需长期引导，甚至会反复。教师与家长要保持耐心，尊重幼儿个体差异，持续引导，让幼儿爱上各类食物，健康成长。

进餐环节教师的工作常规

（四）午睡

午睡是托班幼儿日常生活中的重要环节，良好的午睡习惯不仅有助于幼儿的身体健康和生长发育，还能促进其自我服务能力的提升。托班教师在这一环节中扮演着至关重要的角色，既要为幼儿创造适宜的睡眠环境，也要通过细致的观察和引导，帮助幼儿逐步建立良好的睡眠习惯。

1. 幼儿可以做什么

自主入睡：在教师的引导下，幼儿可以逐渐学会独立入睡，减少对哄睡的依赖。

自我整理：幼儿可以尝试自己脱衣服、叠衣服、铺被子，完成睡前的准备工作。

情绪调节：幼儿可以在教师的安抚下，调节情绪，顺利进入睡眠状态。

自我服务：起床后，幼儿可以尝试自己穿衣服、整理床铺，逐步提升生活自理能力。

遵守规则：幼儿可以理解并遵守午睡时的规则，如保持安静、不打扰他人等。

2. 教师需要做什么

午睡环节教师行为指引见表 2-4。

表 2-4　午睡环节教师行为指引

适宜行为	伴随语言	温馨提示
创设适宜的睡眠环境：确保睡眠室光线柔和，空气清新，床铺整洁，避免过多噪声干扰	“孩子们，我们要准备午睡啦，看看谁的小被子盖好了。”	可以在睡眠室播放轻柔的音乐，帮助幼儿放松心情
提前了解每个幼儿的睡眠习惯：包括睡眠的方式、时间、规律、习惯，是否有依恋物，是否需要抱睡、抚摸、陪伴等特殊安抚，并逐步养成良好的睡眠习惯	—	良好的睡眠习惯需要家园的合作配合，需要和家长沟通园所的作息时间尽可能保持一致，尤其在小长假过后
做好睡前安全检查，帮助幼儿做好睡前准备： 1. 观察幼儿口中是否含有食物，身上或者床铺上是否有安全隐患的小物品，如小玩具、发卡等，避免出现安全隐患； 2. 观察幼儿是否能独立完成脱衣、拖鞋、叠衣等动作，适时给予帮助和鼓励。对于入园初期和年龄较小的幼儿，教师可以示范如何脱衣服，并逐步引导他们自己完成	“要睡觉了，小发卡也要睡觉啦！我们先把它放回她的家，睡醒了，再把它拿出来好吗？你可以自己放进去！” “我们先脱上衣，像老师一样（示范），一只手抓住袖口，另一只手从袖子里抽出来！太棒啦！这样我们就脱下来了一只袖子，再试试另外一边。”	1. 可以将女孩饰品放在固定的有隔档的收纳盒或者收纳袋，以免丢失或混淆。 2. 可以在日常生活或游戏中，创设照顾娃娃的游戏情境，锻炼幼儿的手部能力
安抚情绪，帮助入睡： 1. 对于入睡困难的幼儿，教师首先要分析原因，是因为没有午睡习惯，身体不舒服，不熟悉新的环境害怕，吃多了，玩兴奋了，遇到伤心事了或者其他可能的原因，针对具体情况采取相应的措施； 2. 对于特别依赖的幼儿，可以允许他们抱着依恋物入睡，但要确保依恋物的安全性	“闭上眼睛，放松身体，老师在这里陪着你。” “宝贝乖，睡觉觉，老师会像妈妈一样抱抱你。”	1. 根据前期了解的睡眠习惯，给予特殊的安抚，比如，有的幼儿需要抱睡，前期教师先抱睡，让幼儿适应园所的睡眠环境，慢慢过渡到陪伴拍睡，最后能够过渡到独立入睡。 2. 切勿强硬让幼儿自主入睡，强化消极抵触心理

续表

适宜行为	伴随语言	温馨提示
巡视睡眠情况，及时处理问题： 1. 定时巡视，观察幼儿的睡姿，及时调整被子，防止蒙头睡等危险情况； 2. 对于尿床的幼儿，教师应及时更换床单，并安抚幼儿情绪； 3. 培养规则意识，如保持安静、不随意下床等，对于规则意识较弱的幼儿，教师可以通过游戏或故事的方式进行引导； 4. 教师应记录每个幼儿的睡眠情况，及时与家长沟通，共同关注幼儿的睡眠习惯养成	—	切勿在幼儿午睡时间放松警惕，做一些其他工作，以免因为没有及时关注幼儿睡眠情况，出现幼儿着凉，甚至发生意外伤害
处理突发情况： 1. 如果幼儿在午睡中突然惊醒或哭泣，教师应及时安抚，了解原因并给予适当的安慰； 2. 对于频繁惊醒的幼儿，教师可以与家长沟通，了解是否存在睡眠障碍	“是不是做噩梦了？别怕，老师在这里。”	1. 教师应定期与家长沟通幼儿的午睡情况，了解幼儿在家中的睡眠习惯，确保园内与家庭的睡眠照料保持一致。 2. 对于有特殊睡眠需求的幼儿，教师可以与家长共同制订个性化的睡眠计划
起床后回应幼儿的各类需求： 1. 整理床铺，观察是否有尿床的情况，切勿责怪幼儿，分析幼儿未告知的原因，是因为睡得太熟、害怕责备、没当回事或者其他原因，引导幼儿下次主动告知； 2. 睡不醒的幼儿，可以酌情暂缓叫醒； 3. 引导幼儿起床后的自我服务，对于精神状态不错的幼儿，教师可以鼓励其自己穿衣服、鞋子，逐步培养其自我服务能力；对于不会穿衣服的幼儿，教师可以逐步示范，并给予适当的帮助；对于起床后状态蒙蒙的，呆坐着的幼儿，教师慢慢唤醒幼儿，并酌情辅助穿衣避免着凉	“×× 的床铺尿湿了，是不是不舒服呀，下次你想小便的时候可以举手，即使不小心尿床了也没关系，也可以举手告诉老师，老师会帮你清理干净，换上新衣服，你会更舒服。” “你睡醒啦，我们先穿好衣服，等下有美味的水果哦！”	—

智慧囊

拒绝上床睡觉怎么办

原因剖析：我们需要判断是哪些原因导致幼儿拒绝上床睡觉的，具体如下。①环境因素：托班的睡眠环境可能让幼儿感到陌生、不舒适，比如，床铺的软硬、室温的高低、光线的强弱、周围的噪声等，都可能影响幼儿的入睡意愿。②分离焦虑：对于托班幼儿来说，来到新环境，离开熟悉的家人，幼儿可能会产生分离焦虑，这种情绪会影响他们的睡眠，让他们在睡觉时间难以安心上床。③活动量不足：如果幼儿在托班的活动量不够，身体没有达到一定的疲劳程度，就可能精力充沛，不想上床睡觉。④睡眠习惯问题：每个幼儿在家都有自己独特的睡眠习惯，如需要特定的安抚物、入睡方式等。在托班这些习惯可能无法得到满足，导致幼儿拒绝上床睡觉。⑤身体不适：幼儿可能因为身体不舒服而不想上床睡觉，如感冒、发烧、肚子痛、口渴、饥饿等。

应对锦囊：针对上述原因，我们可以采取相应的措施，具体如下。①针对环境因素，可以营造舒适的睡眠环境：保持室内温度适宜，一般在 24 ~ 26 摄氏度；光线调暗，降低噪声，为幼儿创造一个安静、舒适的睡眠环境。同时，检查床铺是否柔软舒适，避免有硬物硌到幼儿。②针对分离焦虑：在幼儿入托班初期，教师可以多陪伴幼儿，给予他们足够的关注和安抚，让幼儿感受到温暖和安全感；也可以让幼儿从家里带一个熟悉的安抚物，如小毯子、玩具等，帮助他们入睡。③针对活动量：合理安排幼儿在托班的活动，保证每天有足够的户外活动时间和室内游戏时间，让幼儿的身体得到充分锻炼，增加疲劳感，这样晚上更容易入睡。④针对睡眠习惯：了解幼儿在家的睡眠习惯，尽量在托班为他们创造相似的条件。比如，如果幼儿在家需要听故事入睡，教师则可以在睡前给幼儿讲一些轻柔的故事；如果幼儿习惯抱着安抚物睡觉，则允许他们抱着自己的安抚物上床。同时，建立固定的午睡和晚上睡觉时间，帮助幼儿形成规律的生物钟。⑤针对幼儿特殊身体状况：仔细观察幼儿的身体状况，如有不适及时发现并处理。睡前可以询问幼儿是否有不舒服的地方，检查幼儿是否发烧、肚子是否胀气等。如果幼儿口渴，则可以适当给他们喝一些水，但不要在睡前喝太多水，以免影响睡眠。

午睡环节教师的工作常规

（五）离园

离园时间是幼儿一日在园生活的结束，也是教师与家长沟通的重要时刻。通过离园环节，教师可以帮助幼儿逐步建立自我服务意识，同时与家长分享幼儿在园的表现和成长点滴。以下是托班教师在离园环节中可以参考的具体操作指南。

1. 幼儿可以做什么

自我整理：幼儿可以尝试自己整理个人物品，如将水杯放入书包、换鞋等。

情绪表达：幼儿可以通过表情、语言或动作表达自己是否愿意离开或继续玩耍。

简单沟通：幼儿可以与教师和家长进行简单的互动，如挥手告别、回应问候等。

遵守规则：幼儿可以理解并遵守离园时的基本规则，如排队等待、不乱跑等。

2. 教师需要做什么

离园环节教师行为指引见表 2–5。

表 2–5　离园环节教师行为指引

适宜行为	伴随语言	温馨提示
做好生活照护和物品检查：查看幼儿的面部、衣物穿戴，询问是否有小便，检查每个幼儿的物品是否带全（尤其是需要带走换洗的衣物）等	“小帽子和小手套都戴上了，好暖和，今天在幼儿园和大家玩得好开心，明天我们一起照顾小娃娃好不好。”	1. 尤其在冬天确保每个幼儿掖好小衣服，擦好护手霜，戴好帽子和手套。 2. 切勿让幼儿排队等待检查，没有互动和交流。 3. 未经幼儿允许，不要擅自处理其物品，尊重他们的物权意识
引导幼儿整理个人物品：给予幼儿自己整理个人物品的机会，引导幼儿自己将柜子里外套、小书包、离园卡、自带的玩具等需要带回家的东西拿出来	“看看你小书包在哪里？我们背上它一起回家吧。”	将任务拆分为小步骤，帮助幼儿逐步完成，避免一次性要求过多
营造温馨的离园氛围：送别幼儿，保持微笑和目光接触，用温暖的语言和表情告别，增强幼儿的安全感和归属感	“明天见哦，××，记得带上你的小王冠。”	切勿没有任何互动和表情，直接呼喊幼儿名字送到家长手里
提前熟悉接送幼儿的家庭成员：确保幼儿安全送到家长身边，避免接错，尤其避免不明身份的人接走幼儿的情况	“这个人你认识吗？稍等一下，我们给妈妈打个电话确认一下。”	1. 通过新生家长会和家长沟通更换接送人一定要提前告知教师，可以发送照片或者陪同接送幼儿一次。 2. 如果家长未及时告知，一定要与家长打电话或者视频确认接送人，确保安全无误后再让其将幼儿接走
与家长简短沟通幼儿在园情况： 1. 没有特别需要沟通的时候，可以在幼儿从队伍里走出来的间隙，简短说一下幼儿的情况，比如吃得怎样，拉没拉大便，情绪状态怎么样，不用每天所有幼儿都说到，做到一段时间全覆盖即可； 2. 有需要面对面沟通的时候，可以请家长在沟通区稍等片刻，幼儿全部离园后，进行重点沟通	“今天幼儿在园里玩得很开心，尤其是画画时特别专注。”	1. 在适应期，家长工作尤为重要，特别在第一周，可以在离园前（晚餐或幼儿做离园准备的间隙）邀请家长进来，集中介绍幼儿的适应情况，缓解家长的分离焦虑。 2. 需要注意的是，教师在介绍的时候，提前部署好分工和站位，有特殊需要时，及时向保教主任反馈增派教师

续表

适宜行为	伴随语言	温馨提示
确保幼儿安全，等待晚接家长： 1. 当家长未提前告知晚接，教师安抚幼儿情绪后，及时打电话了解原因，并请家长语音告知幼儿； 2. 当家长提前告知晚接原因，如堵车或者加班，教师要提前告知幼儿，缓解幼儿失落情绪	“××，妈妈路上堵车了，正在赶来的路上，你听老师的话（家长与幼儿简短沟通）。”“我们在这里等妈妈，你可以看看这本书。”	在等待期间，提供简单的活动或玩具，避免幼儿感到无聊或焦虑

智慧囊

托班幼儿在排队等接时，总是乱跑怎么办

原因剖析：托班幼儿在排队等接时，总是乱跑，出现这个问题的原因可能有以下几种。①托班幼儿大多处于2~3岁，此阶段他们的自控能力较弱，大脑神经系统发育尚未完善，难以长时间抑制自己的行为冲动。排队等待对于他们而言是较为枯燥的事情，一旦注意力分散，就容易不受控制地乱跑。例如，看到地上的小虫子、窗外飞过的小鸟，他们会立刻被吸引并跑去追逐。②缺乏规则意识，幼儿刚接触集体生活，对于排队等接这类规则的认知还比较模糊。他们不清楚排队不乱跑是必须遵守的规范，不明白自己的乱跑行为会干扰到其他小朋友，也没有意识到这可能带来安全风险，所以会随心所欲地活动。③急切见亲心理，托班幼儿对家长，尤其是妈妈有着深厚的情感依赖，一整天没见妈妈，内心极度渴望快点见到妈妈。在排队等接时，这种急切的心情越发强烈，他们可能会觉得通过跑动、四处张望，就能更快地看到妈妈的身影，所以按捺不住在队伍里乱窜。

应对锦囊：针对上述可能的因素，选择性地采取以下建议。①强化规则教育，在日常教学中，通过生动有趣的方式帮助幼儿理解排队等接

的规则。例如，讲“小兔子乖乖排队”的故事，小兔子因为乖乖排队等妈妈，很快就安全地回到家，而调皮乱跑的小兔子差点迷路。组织“我是排队小能手”的游戏活动，模拟排队等接场景，对遵守规则的幼儿给予小贴纸、小印章等奖励，强化他们对规则的理解与遵守意识。②优化排队环境，教师可在队伍周围设置一些简易的“围栏”，如用彩色胶带贴出边界，让幼儿直观地知道自己的活动范围，减少乱跑行为。③与家长保持密切沟通，告知家长幼儿在园排队等接时的表现，让家长在家中也注重培养幼儿的规则意识和良好的行为习惯。比如，在日常生活中，家长带幼儿去超市结账、乘坐公共交通工具时，引导他们自觉排队，不随意跑动。通过家园一致的教育，帮助幼儿更快养成排队不乱跑的好习惯。

离园环节教师的工作常规

二、游戏活动

（一）室内自主游戏

室内自主游戏是托班幼儿学习和发展的核心活动之一。通过自主游戏，幼儿能够在自由、宽松的环境中探索世界，发展认知、情感、社交和运动技能。托班教师在这一过程中扮演着观察者、支持者、合作者和引导者的角色，帮助幼儿在游戏中获得丰富的经验。

1. 幼儿可以做什么

自主选择游戏区域：幼儿可以根据自己的兴趣选择不同的游戏场地、玩具等。

探索游戏材料：幼儿可以主动探索各种游戏材料，尝试不同的玩法，发展创造力和解决问题的能力。

与同伴互动：幼儿在游戏中逐渐学会与同伴沟通、分享及合作，发展社交技能。

表达情感和需求：幼儿通过游戏表达自己的情感和需求，教师可以通过观察了解幼儿的内心世界。

发展精细动作和大肌肉运动：幼儿在操作玩具、角色扮演等活动中，发展手眼协调和大肌肉运动能力。

2. 教师需要做什么

室内自主游戏中教师行为指引见表 2-6。

表 2-6 室内自主游戏中教师行为指引

适宜行为	伴随语言	温馨提示
观察幼儿的游戏行为	“我看到你在搭积木，搭得真高！”	观察时避免过度干预，尊重幼儿的自主性。教师可以通过观察记录幼儿的游戏行为，作为后续活动设计的依据
提供适当的支持	“你觉得这块积木应该放在哪里呢？” “如果你觉得这个玩具很难操作，我们可以一起试试看。”	当幼儿遇到困难时，教师可以通过提问或示范帮助幼儿解决问题，而不是直接给出答案
鼓励同伴互动	“我们可以问问他愿不愿意和你一起玩。”	鼓励幼儿用语言表达需求，避免直接介入冲突。教师可以通过角色扮演或故事讲述，帮助幼儿理解分享和轮流的概念
创设丰富的游戏环境	“今天我们有一些新的玩具，你可以试试看。”“今天有新玩具了，你可以来看一看，玩一玩。”	1. 教师应根据幼儿的兴趣和发展需求，定期更新和调整游戏材料，保持环境的新鲜感。 2. 材料的更新应循序渐进，避免频繁更换导致幼儿无法深入游戏。 3. 教师可以通过观察幼儿的游戏行为，了解他们对新材料的兴趣和适应情况

续表

适宜行为	伴随语言	温馨提示
引导幼儿整理玩具	“音乐响了，我们要把玩具送回家了。” “玩具也想回家休息了，我们一起把它们放回原处吧。”	1. 教师可以通过音乐或固定的提示，帮助幼儿养成整理玩具的习惯。 2. 整理环节应保持一致性，帮助幼儿建立规则意识。教师可以通过游戏化的方式，如“玩具回家比赛”，提升整理的趣味性
回应幼儿的情感需求	“你看起来很生气，能告诉我发生了什么吗？” “我知道你现在很难过，我们可以一起想办法解决。”	当幼儿在游戏中表现出情绪波动时，教师情感回应应温和且及时，帮助幼儿学会情绪调节。教师可以通过拥抱、抚摸等肢体语言，给予幼儿安全感
记录幼儿的游戏行为	“我看到你今天在装扮区玩得很开心，下次我们可以试试新的道具。” “我发现你很喜欢搭积木，下次我们可以挑战更高的建筑。”	记录应客观、具体，避免主观评价。教师可以通过照片、视频等方式记录幼儿的游戏过程，便于后续分析和反思
促进幼儿的语言发展	“你能告诉我你搭的是什么吗？” “这个玩具是怎么玩的？你能教我吗？”	语言支持应自然融入游戏情境，避免过于正式或强迫性的提问。 教师可以通过重复和扩展幼儿的语言，帮助他们丰富词汇，优化表达方式

（二）户外活动

户外活动是托班教育中不可或缺的一部分，它不仅能促进幼儿的身体发育，还能激发他们的好奇心和探索欲望。通过户外活动，幼儿可以亲近自然，体验不同的感官刺激，发展社交技能，并在游戏中学习。以下内容将帮助托班教师更好地组织和引导户外活动，确保幼儿在安全环境中享受游戏的乐趣。

1. 幼儿可以做什么

探索自然：幼儿可以通过触摸、闻、听、看等方式，探索自然环境中的各种元素，如树叶、石头、泥土等。

发展运动技能：通过攀爬、跳跃、奔跑等活动，幼儿可以锻炼大肌肉群，提升身体协调性和平衡感。

社交互动：在户外活动中，幼儿有机会与同伴合作、分享和交流，培养社交技能。

感官体验：通过感官小路、泥巴游戏等活动，幼儿可以体验不同的材质和触感，增强感官认知。

2. 教师需要做什么

户外活动中教师行为指引见表 2–7。

表 2–7 户外活动中教师行为指引

适宜行为	伴随语言	温馨提示
提供丰富的自然探索机会	“看看这片树叶，它的形状和颜色真特别！”“看到那只小鸟了吗？它在树上做什么呢？”	确保提供的自然材料安全无害，避免尖锐或易碎的物品
设计多样化的感官体验活动	“摸摸这些松果，它们的感觉和石头有什么不同？”	定期检查活动材料，确保没有锋利的边缘或碎片
引导幼儿进行创造性游戏	“我们可以用这些树枝和石头搭建一座小城堡吗？”	在幼儿进行创造性游戏时，教师应保持适度距离，给予他们自由发挥的空间
组织大运动体能活动	—	1. 注意过程中根据幼儿的运动量提醒或组织休息。 2. 活动前检查活动器械，是否有松动、脱落等现象
记录幼儿的活动与成长	“你今天在户外玩了什么？能和我们分享一下吗？”	拍照或记录幼儿的活动，帮助他们回顾和分享经验

三、圆圈活动

圆圈活动是托班教育中的重要环节，旨在通过集体互动促进幼儿的社交、情感和认知发展。以下内容将帮助托班教师更好地组织和实施圆圈活动，确保活动的有效性和趣味性。

（一）幼儿可以做什么

社交互动：幼儿可以通过圆圈活动与同伴进行简单的互动，如握手、微笑或模仿他人的动作。

语言表达：幼儿可以通过简单的词语或肢体语言表达自己的需求和感受。

注意力集中：幼儿可以在短时间内集中注意力，参与集体活动，如听故事或唱歌。

模仿学习：幼儿会模仿教师或同伴的动作和语言，学习新的技能和行为。

（二）教师需要做什么

圆圈活动中教师行为指引见表 2–8。

表 2–8　圆圈活动中教师行为指引

适宜行为	伴随语言	温馨提示
引导幼儿参与活动	“我们一起唱歌吧！”	确保每个幼儿都有机会参与，避免强迫不愿意参与的幼儿
观察幼儿的情绪和行为	“××，看起来很开心！”	及时调整活动内容，确保幼儿在舒适的状态下参与活动
提供简单的指令和示范	“像我这样做。”	使用清晰、简单的语言和动作，帮助幼儿理解和模仿
鼓励幼儿表达自己的想法	“××，你想说什么？”	尊重幼儿的表达方式，无论是语言还是肢体动作

续表

适宜行为	伴随语言	温馨提示
保持活动的节奏和趣味性	“接下来我们要跳舞啦！”	通过变换活动内容，保持幼儿的兴趣和参与度
确保活动的安全性	“小心，慢慢走。”	在活动前检查环境，确保没有安全隐患，活动中时刻关注幼儿的安全
记录幼儿的表现和发展	—	通过观察记录，了解每个幼儿的发展情况，为后续活动提供参考
提供适当的支持和帮助	“需要我帮忙吗？”	根据幼儿需求，提供适当的帮助，但不过度干预，鼓励幼儿独立完成任务
结束活动时的整理和总结	“我们下次再玩！” “拍拍小手集合了。”	通过音乐或语言提示，帮助幼儿理解活动结束，逐步引导他们进入下一个环节
尊重幼儿的个体差异	“不着急慢慢来。”	理解每个幼儿的独特性，允许他们在活动中以自己的方式参与和表达

四、拓展活动

（一）节日节气活动

节日、节气是中华文化传承的重要载体，也是幼儿早期教育中不可或缺的一部分。通过节日节气活动，幼儿不仅能感受到节日节气的氛围，还能在参与过程中获得丰富的感官体验和社会认知。托班教师在组织和实施节日节气活动时，既要考虑幼儿的年龄特点，也要注重活动的趣味性和教育性，确保每个幼儿都能在活动中有所收获。

1. 幼儿可以做什么

感知节日节气氛围：通过视觉、听觉、触觉等多种感官，感受装饰、音乐、食物等带来的节日节气氛围。

参与简单活动：在教师的引导下，参与简单的节日节气活动，如制作手工、参与游戏等。

表达情感：通过语言、动作、表情等方式，表达对节日节气的喜爱和期待。

与同伴互动：在节日节气活动中，与同伴一起玩耍、合作，增强社交能力。

了解文化：通过故事、歌曲、游戏等形式，初步了解节日节气的由来和意义。

2. 教师需要做什么

节日节气活动中教师行为指引见表 2–9。

表 2–9　节日节气活动中教师行为指引

适宜行为	伴随语言	温馨提示
提前布置环境	“看，我们的教室变得多漂亮！今天我们要过一个特别的节日 / 今天是一个 ×× 节气日。”	在教室和活动区域布置与节日、节气相关的装饰，如灯笼、彩带、海报等，营造浓厚的节日节气氛围
设计适合幼儿的节日节气活动	“今天我们一起来做一个小手工，看看谁能做得最漂亮、最特别！”	根据幼儿的年龄特点，设计简单易操作的活动，如涂色、粘贴、简单的舞蹈等
引导幼儿表达情感	“你喜欢今天的活动吗？最喜欢哪个部分？”	通过提问或互动，鼓励幼儿表达他们对节日、节气的感受和想法。同时，教师要耐心倾听幼儿的表达，给予积极的回应和鼓励
必要时组织亲子互动环节	“今天我们和爸爸妈妈一起做了一个贺卡，送给你们最爱的人。”	1. 亲子活动要简单易操作，确保家长和幼儿都能轻松参与，增强亲子互动的情感体验。 2. 活动结束后，与家长沟通幼儿的表现，听取家长的反馈，并做好活动的总结与反思，便于下次活动的改进
观察并记录幼儿的表现	—	观察记录要客观详细，便于后续对幼儿的发展进行分析和评估

（二）亲子活动

亲子活动是托班教育中不可或缺的一部分，它不仅能促进幼儿的身心发展，还能增强家长与幼儿之间的情感联系。通过精心设计的亲子活动，教师可以帮助家长更好地理解幼儿的成长需求，同时为家长提供实践育儿技巧的机会。

1. 幼儿可以做什么

观察与模仿：幼儿通过观察家长和教师的行为，模仿简单的动作和语言。

探索与发现：幼儿在活动中通过触摸、闻、听等方式探索周围环境，发现新事物。

情感表达：幼儿在活动中通过表情、声音和肢体语言表达自己的情感与需求。

社交互动：幼儿在活动中与其他幼儿和家长互动，初步建立社交技能。

2. 教师需要做什么

亲子活动中教师行为指引见表 2–10。

表 2–10　亲子活动中教师行为指引

适宜行为	伴随语言	温馨提示
引导家长与幼儿互动	“看，×× 在看您呢，您可以和孩子一起玩这个玩具。”	确保家长与幼儿有眼神交流，鼓励家长用温柔的语言与幼儿沟通
提供安全的活动环境	“这里很安全，幼儿可以自由探索。”	检查活动场地，确保没有尖锐物品或危险区域，确保幼儿在活动中的安全
设计适合幼儿年龄的活动	“这个活动可以帮助幼儿发展手眼协调能力。”	根据幼儿的年龄和发展阶段，选择适合的活动，避免过于复杂或简单的任务
观察幼儿的反应并给予反馈	“×× 对这个玩具很感兴趣呢！”	通过观察幼儿的行为，及时给予积极的反馈，帮助家长了解幼儿的兴趣和能力

续表

适宜行为	伴随语言	温馨提示
鼓励家长参与活动	“家长可以和幼儿一起完成这个任务。”	鼓励家长积极参与活动，增强亲子互动，帮助家长在实践中提升育儿技能
提供育儿建议	“您可以试试用这种方式和幼儿沟通。”	在活动中适时给予家长育儿建议，帮助家长更好地理解和支持幼儿的成长
记录活动过程	“我们可以拍下幼儿的活动瞬间。”	通过拍照或录像记录活动过程，帮助家长回顾幼儿的成长点滴，增强活动效果
活动结束后的总结与反馈	“今天的活动很成功，幼儿表现得很好。”	在活动结束后，与家长进行简短的总结，分享幼儿的表现，并听取家长的反馈

第三节　托班活动组织特别提示

一、托班和小班活动组织的不同

托班和小班虽然在幼儿教育中都属于早期教育阶段，但由于幼儿的年龄和发展水平不同，活动组织上存在显著差异。托班幼儿的自理能力、语言表达能力和社交技能都处于初步发展阶段，因此托班活动组织需要更加注重以下几个方面。

活动时长：托班幼儿以无意注意为主，研究显示，一般 2 岁幼儿的注意力集中时间为 6~7 分钟，3 岁幼儿的注意力持续时间可以达到 9 分钟左右。教师可将整体时长控制在 10~15 分钟，其中，核心环节需紧凑安排在 6~7 分钟，活动期间可穿插简单互动，保持他们的关注度。

活动内容：托班活动应以生活化、游戏化为主，注重感官体验和动手操作，避免过于复杂的认知任务。

教师角色：托班教师需要更多的耐心与细心，将工作重点放在生活照护方面，培养幼儿基本的生活自理能力。

安全要求：托班幼儿的安全意识较弱，教师需要更加细致地检查活动场地和材料，确保无安全隐患。

二、托班一日生活作息的安排

托班幼儿的一日生活作息安排应遵循其生理和心理发展规律，确保他们在安全、舒适的环境中健康成长。典型的托班一日生活作息安排见表 2–11、表 2–12。

表 2–11　春、夏季 4—9 月托班一日生活作息安排

活动时间	活动环节
7：30—8：30	入园、晨间自主游戏、早餐
8：30—10：30	户外自主游戏、圆圈游戏、加餐
10：30—11：20	室内自主游戏、圆圈阅读 / 餐前游戏
11：20—14：30	午餐、散步、午睡
14：30—15：00	午检、起床、午点、圆圈游戏
15：00—16：20	户外自主游戏、圆圈阅读 / 餐前游戏
16：20—17：30	晚餐、离园
备注	1. 特殊天气：如遇大风、沙尘暴、雾霾等特殊天气，改为 8：25—10：00 室内体能自主游戏，10：00—10：25 室内自主游戏。 2. 室内外自主游戏根据情况灵活调整，弹性 10~20 分钟，确保两餐间隔 1.5 小时，户外活动不少于 2 小时

表 2–12　秋、冬季 10—3 月托班一日生活作息安排

活动时间	活动环节
7：30—8：30	入园、晨间自主游戏、早餐
8：30—10：00	室内自主游戏、圆圈游戏、加餐
10：00—11：20	户外自主游戏、圆圈阅读 / 餐前游戏
11：20—14：30	午餐、散步、午睡
14：30—15：00	午检、起床、午点、圆圈游戏

续表

活动时间	活动环节
15：00—16：20	户外自主游戏、圆圈阅读 / 餐前游戏
16：20—17：30	晚餐、离园
备注	1. 特殊天气：如遇大风、沙尘暴、雾霾等特殊天气，改为 8：25—10：00 室内体能自主游戏，10：00—10：25 室内自主游戏。 2. 室内外自主游戏根据情况灵活调整，弹性 10~20 分钟，确保两餐间隔 1.5 小时，户外活动不少于 2 小时

三、托班一日生活的观察记录

观察与记录是托班教师了解幼儿发展水平、调整活动设计的重要手段。教师应通过细致观察，记录幼儿在活动中的表现、兴趣和发展需求。具体可参考表 2-13、表 2-14。

表 2-13　托班适应期幼儿入托行为观察

（　　）幼儿园（　　）班适应期幼儿入托行为观察表

年　　月　　日　　星期

观察要点 \ 姓名		1	2	3	4	5	6	7	8	9	10	11	12	13	14	15	16	17
生活方面	愿意洗手																	
	饮水量（杯）																	
	大便情况																	
情绪方面	积极参与点名游戏																	
	能够开心游戏																	
	有不良情绪																	
活动方面	喜欢摆弄玩具和材料																	
	跟着老师模仿																	
	参与游戏 室、内外																	
	愿意用多种方式表达																	

注：1. ○代表愿意，△代表不愿意，□代表需要加强关注。2. 可用 1~5 表示程度。3. 饮水量和大便情况写清量和次数。4. 空白位置可进行特别备注。

表 2-14 托班发展期幼儿入托行为观察

（ ）幼儿园（ ）班发展期幼儿入托行为观察表

年 月 日 星期

观察要点	姓名	1	2	3	4	5	6	7	8	9	10	11	12	13	14	15	16	17
生活方面	饮水量（杯）																	
	大便情况																	
	进餐情况（饭 f 菜 c 汤 t）																	
情绪方面	积极参与点名游戏																	
	能够开心游戏																	
	有不良情绪																	
活动方面	喜欢摆弄玩具和材料																	
	跟着老师模仿																	
	参与游戏 室、内外																	
	愿意用多种方式表达																	

注：1. ○代表愿意，△代表不愿意，□代表需要加强关注；2. 可用 1~5 表示程度，空白位置可进行特别备注；3. 饮水量和大便情况写清量和次数。饭菜全吃用○表示。

实践任务

1. 生活活动实践观察

选择托班一日生活中的某一生活环节（如进餐、午睡等），进行全程观察。观察时，详细记录幼儿在活动中的表现，包括自我服务完成情况、情绪状态、与教师和同伴的互动等。同时，记录教师的行为，如教师的引导方式、提供的帮助、使用的伴随语言等。

2. 游戏活动组织实践

选择一种托班游戏活动（如自主游戏、圆圈活动等），依据文档中的指导要点进行组织实施。在活动过程中，关注幼儿的参与度、兴趣点、遇到的问题以及幼儿之间的互动情况。

3. 家园沟通实践

利用离园时间，选取 2~3 名家长进行沟通交流。向家长反馈幼儿在园当天的生活活动和游戏活动表现，重点提及幼儿的进步和需要关注的方面。同时，询问家长幼儿在家的情况，了解家长的需求和意见。

托班活动组织资源推荐

[1] 科普尔，布雷德坎普 . 0—8 岁儿童发展适宜性教育：原著第 3 版 [M]. 刘焱，等译 . 北京：中国轻工业出版社，2021.

[2] 董旭花，韩冰川，阎莉，等 . 自主游戏：成就幼儿快乐而有意义的童年 [M]. 北京：中国轻工业出版社，2024.

[3] 威特莫，彼得森 . 0—3 岁幼儿发展与回应式课程设计：在关系中学习 [M]. 北京：中国轻工业出版社，2022.

[4] 贝姆，温伯格 . 婴幼儿教师观察技能培养手册 [M]. 北京：中国轻工业出版社，2022.

[5] 茅红美，王岫 . 托育机构一日活动操作指引 [M]. 上海：复旦大学出版社，2023.

第三章

托班师幼互动的知与为

第一节　托班师幼互动知多少

一、托班师幼互动的价值与意义

在托班的教育场景中，师幼互动无疑是核心环节。究竟怎样的师幼互动才是有效的呢？怎样的师幼互动才能真正触及心灵呢？这是每一位托班教师的困惑，更是每一位托班教师不断追求的专业技能。

托班幼儿初次离开熟悉的家庭环境和家人，独自来到一个新的环境，幼儿努力适应新环境的同时会产生分离焦虑。此时，托班教师需要及时给予幼儿父母般的安抚，如用温柔的语言与幼儿交流、亲切地拥抱幼儿等，让幼儿有安全感，帮助幼儿平静下来，缓解幼儿的焦虑和不安。在这一过程中，幼儿会逐渐将对家人的依恋情感部分转移到教师身上，把教师当作“替代依恋”对象。在幼儿将教师视为“替代依恋”对象后，幼儿会更愿意听从教师的引导和指示，因此，教师要敏感捕捉幼儿的需求和感受，积极引导与支持幼儿养成良好的生活习惯和行为规范，及时给予回应和反馈，加深师幼情感联结，从而促进幼儿身心健康发展。

二、托班师幼互动的主要原则

（一）关系为先——和幼儿“套近乎”的艺术

1. 建立依恋——成为幼儿的“专属抱抱熊”

作为托班教师，首要任务是怀着尊重、关爱与共情和幼儿建立起深厚的依恋关系。无论是幼儿的哭泣、求助还是简单交流，其背后都是他们渴望被关注的内心。因此，托班教师的每一次回应都是与幼儿建立信任与依恋的契机，如温暖的笑容、耐心的倾听、真诚的鼓励及适时的拥抱等非言语行为。当教师能够准确捕捉到幼儿的需求与情绪变化并给予及时、恰当的回应时，就会向幼儿传达出安全与接纳的信号，让他们感受到被看见、被尊重、被理解，进而建立起幼儿对教师深深的信任与依赖。

初入园，托班幼儿像是怀着惴惴不安的心情来到陌生星球的探险家，此时，教师需要变成温暖的“专属抱抱熊”，及时给予幼儿爱与温暖。每天早上，当幼儿由家长送进班级时，教师要第一时间蹲下来身来，微笑着亲切地与幼儿打招呼问好，并张开双臂给他们一个大大的、温暖的拥抱，就好像在说：“嘿！宝贝，早上好！欢迎来到幼儿园。”无论是他们开心地跑进来，还是带着小泪花不情愿地被送来，这个拥抱都像一把开启美好一天的神奇钥匙。

总之，作为托班教师，需要更加用心地去倾听幼儿，不仅是他们说出来的话，还有那些未说出口的情绪和想法；用心揣摩幼儿每一个细小的举动，全身心地接纳幼儿，让幼儿感受到被接纳。

2. 尊重原有习惯——幼儿的习惯“神圣不可侵犯”

每个幼儿都有已经在家庭中形成的习惯和“秘密”。例如，有的幼儿睡觉时一定要抱着自己的小毛毯，那是他们的“睡觉小伴侣”，教师可以说：“宝贝，你的小毛毯一定是超级舒服的，它会陪着你做甜甜的梦，快闭上眼睛睡觉吧！”有的幼儿抗拒换尿不湿，教师可以说：“宝贝，你的尿不湿‘铠甲’已经湿了，我们换一个新的尿不湿‘铠甲’好吗？”尊重幼儿的这些习惯，就像在他们小小的心灵花园里种下了尊重的种子一样。

3. 传递温暖——做幼儿的“太阳能小暖炉”

托班教师要像一个永远不会熄灭的“太阳能小暖炉”。每天，当幼儿午睡醒来，睡眼惺忪地看着周围时，教师要轻轻地走过去，摸摸他们的小脑袋，用最温柔的声音问：“宝贝，睡得香不香呀？有没有做甜甜的梦呢？”就像一缕温暖的阳光照进他们的小被窝儿。当幼儿不敢在幼儿园大便时，他们不仅身体难受，心里也很害怕，这时，教师需要及时发现他们的窘迫，耐心引导他们尝试排便，陪伴在他们身边，给予安慰和鼓励，让他们感受来自教师的温暖。

4. 创造共鸣——营造大树下故事会般的沉浸氛围

教师应积极与幼儿建立情感共鸣。这种情感上的共鸣，不仅让幼儿感受到教师的亲近与关怀，更促进了师幼之间的情感交流与融合，为依恋关系的深化奠定了坚实基础。托班幼儿最愿意与教师分享他们的想法、感受，教师要把握机会创造共鸣，懂得共鸣，通过模仿幼儿的言行、分享自己的感受和经历拉近与幼儿之间的情感距离，让互动成为连接心灵的桥梁。比如，幼儿向教师表达："老师，我想妈妈。"教师可以这样回应："我理解你此时的心情，这样吧，我们一起去把妈妈的样子画下来！"这样不仅能让幼儿感受到他的情绪被理解，他的感受被尊重，还能在共同创作中加深师幼间的情感。

（二）发展为本——用智慧浇灌"小花圃"

托班幼儿正处于身体和大脑发育的关键期与敏感期，在这一时期，给予幼儿适当的刺激和引导能对幼儿发展起到事半功倍的效果。在一日生活中，教师鼓励幼儿通过看、听、摸、闻、尝等方式感知周围的世界，同时幼儿在与环境、材料、教师和同伴等进行全方位、多层次的互动时，教师及时给予适宜的引导和互动，会促进幼儿的全面发展。

1. 动作与习惯——在游戏中获得本领

作为托班教师，应像超级有趣的大玩伴，带着幼儿一起做好玩的手指操，一根根地活动小手指，锻炼手部精细动作，就像在和手指玩捉迷藏一样。穿衣、洗手这些生活小事，也可以变成好玩的游戏。例如，小手钻洞洞的游戏引导幼儿学习自己穿衣服，让幼儿在游戏中获得快乐、满足、自信等丰富的情感体验，有助于培养幼儿积极向上的情感态度和良好的个性品质。

2. 情感与社会——在关爱中滋养心灵

托班教师是幼儿的“情绪守护星”和“社交启蒙师”，如幼儿玩拼图怎么都拼不好，气得直摔拼图时，教师可以说：“这块小拼图太调皮了，老师知道你很生气，我们先休息一下，等下再一起来和拼图宝宝做游戏吧！”等幼儿情绪稳定后，教师再引导和陪伴其一起完成拼图。在同伴交往中示范社交策略。例如，幼儿在一旁看着同伴玩小汽车，却不敢过去时，教师可以拿着汽车主题贴纸，说：“宝贝，你看这贴纸超酷，我们去问问他们的汽车要不要装饰一下，把小汽车变得更厉害。”随后，教师带领幼儿走进同伴，引导他们相互交流，一起游戏，感受与同伴交往的快乐。

3. 认知与探索——在好奇中促进发展

托班生活充满了各种各样的小场景，教师要像一个“生活魔法师”，在这些场景里变出有趣的互动。比如，在进行科学游戏的时候，教师可以先拿着一个苹果，像个神秘的魔术师一样问：“宝贝们，你们猜猜这个苹果里面藏着什么呀？”然后把苹果切开，让幼儿看看里面的小种子，最后给他们讲一讲苹果种子的奇妙旅行。在自然角，教师可以和幼儿一起观察小蝌蚪，并与他们互动：“哇，宝贝们，看这些小蝌蚪在着急地游来游去，它们是不是在找妈妈呀？”通过这种基于生活场景的互动，幼儿可以感受到教师和他们一起探索世界的快乐，从而激发幼儿对周围事物的观察和探索，进而促进认知能力的发展。

4. 语言与沟通——在互动中激发潜能

托班幼儿非常喜欢和教师一起阅读绘本故事，在教师声情并茂地讲述绘本或模仿故事角色中，他们可以学习更多的词汇，促进语言表达能力的发展。例如，在阅读《好饿的小蛇》时，教师讲到好饿的小蛇看到苹果时，便停下来问幼儿：“这是一个什么样的苹果呀？”引导幼儿说一说。教师还可以继续引导：“看到这红红的、圆圆的大苹果，好饿的小蛇是怎么想的呢？”这样，他们的语言表达在不知不觉中就像小树苗一样蹭蹭地往上长。在娃娃家游戏的时候，教师化身超级大厨，拿着勺子大声喊：“我做了无敌好吃的彩虹炒饭，谁来帮我找找红红圆圆的番茄酱呀？”幼儿一下子就被吸引住了，纷纷行动起来，一边找还一边喊：“我找到啦，这个红红圆圆的积木就是番茄酱！”在这欢乐的游戏里，幼儿不仅玩得开心，还学会了好多新词汇。

（三）积极回应——呵护幼儿的个性小宇宙

托班阶段的师幼互动应像“慢镜头”般细致，通过敏感、积极的回应，帮助幼儿建立对环境和成人的安全感，为后续发展奠定基础。

1. 共情式回应——你的心情我知道

2~3 岁幼儿的语言表达能力有限，很多时候他们通过表情和肢体动作传达情感。例如，幼儿皱着眉头可能表示困惑或者不高兴；张开双臂可能是想要抱抱，即寻求安慰。教师需要细致观察这些非言语信号，以便准确理解幼儿的情绪状态，同时可以对幼儿说：“我知道你因为 × × × 事情有点不高兴了对吧，没关系。”（边说边抱抱）给予幼儿足够的情绪价值。这是开展共情回应的基础，也是构建良好师幼互动关系的关键要素。

作为教师，要敏锐地倾听感知简单话语背后的情绪。这个年龄段的幼儿虽然语言简单，但每句话可能都蕴含着情绪。比如，幼儿说“我不要”，可能是因为害怕、不喜欢或者对陌生环境的抗拒。作为照护者的教师，要用心分辨他们简单话语背后隐藏的真实感受，从而给予恰当的回应。例如，幼儿因为玩具找不到而难过时，教师要表示理解，说：“宝宝的玩具找不到了很伤心对不对？我们一起找一找吧。”这种方式让幼儿知道自己的情绪被认可，有助于他们学会表达自己的情绪。

2. 预见性回应——你的感受我陪伴

预见性回应，是指教师与幼儿在生活及游戏互动过程中，提前运用眼神、语言、动作告知幼儿即将会经历的事情以及将要面临的感受，让幼儿提前有心理准备，让幼儿知道接下来发生的一切都有教师的照护与陪伴，这样幼儿会很有安全感，行为上也会更配合。教师可以采取边说边做的方式与幼儿互动回应。例如，当幼儿尿裤子时，教师要以接纳、包容的心态面对幼儿的各种需求。“你现在裤子湿了很不舒服是不是？”“我帮你把裤子换下来，这样就会很舒服。”“我们先要擦擦小屁股，你可能会觉得有点凉凉的，擦好了，我们坐在小椅子上，先来穿上小内裤，再穿上小裙子，如果不舒服可以随时告诉老师哦！”

3. 即时性回应——你的期待我看见

托班幼儿的情感非常脆弱，需要教师及时呵护。及时的回应可以增强师幼之间的亲密感。想象一下，当幼儿兴奋地跑过来，满脸期待地说：“老师，你看我画的彩虹！”这个时候，教师要是这样回应：“哦，真棒，老师等会儿看。”那可就像给幼儿的热情泼了盆冷水。教师得像雷达接收器一样，随时接收来自幼儿的主动互动：“哇塞，你这彩虹画得比彩虹糖还甜，颜色搭配得太棒啦！”他们的小脸蛋会瞬间绽放出像花儿一样的笑容。当他们在玩玩具的时候，教师可以静静地坐在旁边，观察并了解他们的游戏过程；当他们向我们展示自己的作品时，教师可以拥抱他们并好奇地说道：“哇，宝贝，你能教教老师吗？”当幼儿说话时，教师应及时给予回应，让他们感受到被关注。比如，幼儿说：“狗狗！”教师可以回应：“对呀，那是一只可爱的狗狗呢，你喜欢吗？”这样重复并扩展幼儿的话语，不仅能确认幼儿的表达，还能鼓励幼儿继续表达自己的想法和感受。

4. 个性化回应——你的声音我听见

作为托班教师，“听见”不仅是用耳朵接收声音，更是用心灵感知幼儿的需求，无论是生理需求、情感需求还是认知需求。每个托班幼儿都带着独特的“声音密码”，需要教师蹲下身来仔细倾听与辨别。例如，当幼儿不停地前后或左右晃动身体时，教师可以蹲下来轻语：“宝宝想小便了，需要老师陪你一起去对吗？”当幼儿突然不断用脸蹭教师时，幼儿要表达的是“我需要老师的抱抱”。当幼儿一直站在鱼缸边迟迟不肯归队时，幼儿要表达的是“我正在聚精会神地观察小鱼的游动”。

在托班这片充满童趣的魔法天地里，教师要紧紧遵循“关系为先、发展为本、积极回应”的原则，提供符合托班幼儿身心发展规律的支持策略，与托班幼儿在共同生活中共同成长。

第二节　托班师幼互动何所为

一、师幼互动的 4R 策略

托班师幼互动策略需以情感联结为核心，遵循幼儿身心发展规律，以科学、温暖的互动支持其早期社会性、语言和认知发展。下面和大家分享 4R 策略，支持教师有效开展师幼互动。4R 策略即建立融洽关系（Rapport）、观察识别（Observation Recognition）、即时回应（Capture Recognition）、反思性支持（Reflective Support）。

（一）建立融洽关系——慢下来，关注当下

1. 调整姿态

找一个舒服的方式坐下，与幼儿保持平视——这个年龄段的幼儿身高较矮，平视能让他们感受到平等和尊重。教师蹲下或者坐在小椅子上与幼儿专注互动，这种姿态向幼儿传达的是愿意花更多时间与其相处，这种被关注的专属感对于托班幼儿尤其重要。

2. 调节情绪

一方面，教师需优先做好自我情绪管理。当遇到幼儿突发状况时，

可采用“暂停—呼吸—观察—回应”的调节步骤：立即暂停反应，进行3~5次深呼吸，客观观察当下情境，最后给予理性回应。这种有意识的情绪调节能帮助教师保持平和状态，避免情绪化反应，同时为幼儿树立良好的情绪管理榜样。教师平和的情绪状态会通过镜像神经元作用影响幼儿，形成良性的情绪互动循环。

另一方面，教师需注意关注幼儿的情绪状态。处理幼儿情绪要遵循“先处理感受，再解决问题”的原则。先通过平视、温和触摸和简单语言帮助幼儿识别情绪（如“你看起来很生气”），给予充分的情感接纳；待情绪缓和后，再引导幼儿用语言表达需求。要注意避开情绪爆发期进行说教，日常可通过情绪卡片游戏等活动帮助幼儿建立情绪认知能力，为特别敏感的幼儿设置安全的情绪调节空间，逐步培养他们的情绪调节能力。

（二）观察识别——捕捉识别幼儿当下需求和情绪

1. 观察表情和行为

托班幼儿的情绪往往通过表情和行为表现出来。例如，皱眉头、嘟嘴巴可能表示不满或者不高兴，大笑、手舞足蹈可能表示开心或者兴奋，哭闹、跺脚可能表示愤怒或者委屈。教师要仔细观察幼儿的这些表情和行为变化，及时捕捉他们的情绪状态。

2. 倾听声音和语调

幼儿的声音和语调能反映他们的情绪。例如，高亢的声音可能表示激动或者兴奋，低沉、呜咽的声音可能表示难过或者委屈，大声尖叫可能表示愤怒或者恐惧。例如，有的幼儿想和同伴做游戏，但又不知如何加入，就学习大老虎的声音引起同伴的注意。教师需要通过倾听幼儿的声音和语调，更好地了解他们的情绪和意图。

3. 结合情境判断

幼儿的情绪产生往往与特定情境相关。例如，如果幼儿一直盯着某个玩具却不敢去拿，可能是因为害怕或者害羞；如果幼儿在和其他小朋友争抢玩具时哭闹，可能是因为愤怒或者沮丧。结合具体情境判断幼儿的情绪，可以更准确地捕捉他们的情绪需求。教师应敏锐地观察幼儿的肢体信号（如揉眼睛、拉扯衣物），主动询问“是不是想上厕所/喝水？”

（三）即时回应——互动与回应

1. 拥抱与抚摸

在与托班幼儿互动时，拥抱与抚摸是最直接的情感支持方式。当幼儿因分离焦虑、挫折或冲突而情绪波动时，教师一个温暖的拥抱能快速安抚其不安；当幼儿取得进步或表现积极时，轻轻的抚摸或击掌则能传递认可与鼓励。这种肢体接触不仅能帮助幼儿建立安全感，还能增强师幼间的信任感。需要注意的是，教师应尊重幼儿的个体差异，观察他们对肢体接触的接受程度，避免过度或强行的互动，确保每次接触都是自然且适度的。

2. 眼神交流

眼神交流是与幼儿建立深度连接的重要方式。教师应蹲下或坐下，与幼儿保持平视，避免居高临下的压迫感。在倾听幼儿说话时，专注的目光能让他们感受到被重视；在集体活动中，适时的眼神示意能无声地引导注意力分散的幼儿回归任务。同时，柔和的眼神配合微笑能缓解幼儿的紧张情绪，尤其在面对害羞或退缩的幼儿时，教师温暖的目光能给予他们勇气和信心。需要注意的是，凝视时间不宜过长，应自然结合语言或动作，避免让幼儿感到不适。

3. 点头微笑

点头微笑是一种简单却高效的即时反馈方式，能有效增强幼儿的自信和积极性。当幼儿完成某项任务、遵守规则或尝试新事物时，教师的微笑和点头能传递肯定与支持；当幼儿犹豫不决时，鼓励性的微笑配合语言引导（如“你可以的！”）能帮助他们迈出第一步。此外，在过渡环节或集体活动中，教师对表现良好的幼儿微笑点头，不仅能强化正向行为，还能为其他幼儿树立榜样。需要注意的是，微笑应真诚自然，避免机械化的表情，同时根据幼儿性格调整回应的强度，确保互动既亲切又有针对性。

在运用非言语回应时，教师需要特别注意个体差异，根据幼儿的性格特点和情绪状态调整互动方式。对于内向敏感的幼儿，教师可以采用轻柔缓慢的肢体语言，如微微点头配合温和的眼神接触，或保持适当距离地轻拍肩膀，避免过于直接的肢体接触造成压力。对于活泼外向的幼儿，教师则可以加大互动幅度，如热情的高击掌、夸张的表情变化和更有力的拥抱，以满足他们对互动强度的需求。对于焦虑不安的幼儿，教师应保持稳定持续的肢体接触，如握住小手或轻抚背部，给予充分的安全感；而对于注意力分散的幼儿，教师则应通过明确的眼神交流和手势提示帮助其集中注意力。此外，教师还需观察幼儿的文化背景和家庭教养方式，尊重不同幼儿对肢体接触的接受程度差异，确保每个幼儿都能在舒适的状态下获得情感支持。这种差异化的非言语回应策略，能够帮助教师与不同性格特点的幼儿建立更有效的沟通，促进每个幼儿的个性化发展。

4. 采用镜像对话

镜像对话是一种特别适合托班幼儿的互动策略，它通过有技巧地反馈幼儿的言行促进其认知和语言发展。这种对话方式的核心在于教师像镜子一样，将幼儿的表达或行为以适当方式反馈回去，同时自然地加以拓展和深化。

在实践过程中，教师需要注意几个关键点。首先，教师要准确捕捉幼儿表达的核心内容。比如，当幼儿兴奋地说“我画了一只小狗”时，教师可以回应：“哇，你真的画了一只可爱的小狗呢！”这样的反馈既肯定了幼儿的表达，又丰富了描述词汇。其次，在重复幼儿话语时，教师要避免机械模仿，而应该通过语调变化、添加细节等方式使对话更自然生动。例如，幼儿说“积木倒了”，教师可以回应：“是啊，高高的积木塔哗啦啦地倒下来了，我们要不要再试一次？”

镜像对话的价值主要体现在三个方面：一是能增强幼儿的表达信心，让他们感受到被理解和被重视；二是通过教师的示范性反馈，潜移默化地丰富幼儿的语言表达；三是能引导幼儿的思维向更深层次发展。比如，当幼儿在沙池玩耍时说“我在挖洞”，教师可以顺势拓展：“你正在用铲子努力地挖一个大大的洞，是要建造一个城堡吗？”

要特别注意的是，实施镜像对话时要把握好度，既要及时反馈又要避免过度干预。教师应该根据幼儿的反应灵活调整，保持对话的自然流畅，让互动既富有教育意义又充满趣味性。这种对话方式不仅能建立亲密的师幼关系，更能为幼儿的语言和认知发展提供有力支持。

（四）反思性支持——复盘与反思

回应互动后的复盘与反思有助于教师梳理游戏过程、分析幼儿发展及构建经验、发现问题，从而调整支持方法和策略，提升师幼互动的质量，进而运用有效回应策略支持幼儿的全面发展。例如，记录互动片段，分析自身行为对幼儿的影响。从教师自身和幼儿行为两个角度反思：“我当时的打断是否阻碍了他的探索？幼儿行为背后的原因是什么？”通过回顾互动过程、回顾互动效果、分析与研判、反思与调整四步路径更深入地了解幼儿的需求、兴趣和发展水平，使游戏及生活更加贴合幼儿的实际需要。

二、4R 互动策略案例解析

案例 1：不能没有你

（一）案例背景及过程介绍

9 月是托班新生的入园适应季，幼儿来自不同的家庭和生活环境，面对新的环境、新的生活，有的幼儿会出现哭闹的现象。

例如，小满刚入园时不停哭泣，只有含着安慰奶嘴才能平静下来。

教师把小满抱在怀里温柔地问他："宝贝是想妈妈了吗？"

小满哭泣着回答道："奶奶背背。"

教师边拍着他的背边哄他继续询问："是想奶奶了吗？想回家了对不对？"

他眼含热泪点了点头。

教师说："老师知道宝贝很想回家，但是奶奶还有其他的事情要做，小满在幼儿园也有事情要做，等吃完三顿饭就接宝贝回家好不好？"

小满依旧伤心地哭泣。

教师一边轻拍他的背一边尝试去拿奶嘴，耐心地说："小奶嘴都累了，我们让它去小房子里休息一会儿吧，我们也休息一会儿补充点能量吧。"教师拉着他的小手走向盥洗室，刚把水杯放下他就又哭了起来……

为了让他更好地平复心情，教师把奶嘴还给他，把他抱在怀里，让他接着吸吮。

教师温柔地看着小满说："老师知道你现在很想回家，现在先跟小朋友玩一会儿，放学的时侯，老师一定第一个就叫宝贝回家，好不好？"

这些话使小满的情绪逐渐稳定，他微微点头。于是，教师立刻转移小满的注意力说道："我们一起去搭积木吧，好不好？"

（二）4R 互动应用

1. 建立融洽关系

调整姿态：教师半跪平视，身体微微前倾，双臂自然张开，呈现拥抱的姿态。

调节情绪：教师始终保持冷静和稳定的情绪状态，避免因幼儿的哭闹而产生焦虑或急躁。理解他的感受，以商量的语气提议，逐步化解他的抵抗情绪，让安全感在对话中逐渐积累。

2. 观察识别

观察表情和行为：幼儿对亲人有强烈的依赖感，在听到回家的承诺时，短暂地停止了哭泣，睫毛微微颤动，这表明他在思考这句话的内容。

倾听声音和语调：幼儿带着哭腔的呼唤中，教师察觉到他对于依恋物的强烈需求。通过观察声音的微妙变化，及时调整应对策略，将安抚的重点由语言安慰转向具体的行动承诺。

3. 即时回应

互动环节与即时回应策略见表 3-1。

表 3-1 互动环节与即时回应策略

互动环节	即时回应策略
小满情绪爆发时	立刻将其揽入怀中，托住后背，轻拍肩膀；待其平静后，脸颊贴头顶轻声安抚，通过身体接触重建安全感
小满点头回应时	睁大眼睛、露出微笑，用惊喜眼神回应，以眼神交流传递关注与理解
转移小满对奶嘴的注意力时	模仿吸吮奶嘴动作，用玩具小熊假装喂食并发出夸张的声音，引导小满参与模仿游戏，减少对奶嘴的依赖

4. 反思性支持

（1）幼儿发展分析

依赖安抚奶嘴：入园初期，幼儿在陌生的环境下会缺乏安全感，安抚奶嘴就是“依恋物”，用来缓解内心紧张和不安，只有幼儿逐步与教师、同伴建立依恋关系后，才能慢慢戒掉“依恋物”。

入园焦虑：幼儿对亲人有较强的依恋感，亲人短暂的分离，会让幼儿感到不安和恐慌。所以，只能用哭来传递心里的不安，并通过哭泣缓解这种紧张。

（2）教师行为优化

即时回应：第一时间关注哭泣幼儿，避免因忽视加剧不安，帮助幼儿建立积极的情绪体验。

多维度安抚：语言共情（温柔话语）、身体接触（拥抱、抚摸）、注意力转移（玩具、游戏）相结合，满足情感需求。

教育原则：尊重幼儿身心发展规律，接纳“依恋物”需求，不强制干预；通过持续关怀建立信任，帮助幼儿平稳适应新环境。

案例 2：“衣”探究竟

（一）案例背景及过程介绍

快乐的区域时光正在进行中，突然一声“我要换裤裤”，教师的目光追随了过去，溯之边洗手边玩水把自己的小衣服弄湿了。

教师走到她的身边，轻轻牵起她的小手走向更衣室，边走边说：“衣服怎么湿了？”溯之回答道：“洗手手。”教师又问：“衣服湿了难不难受？”她点点头。

到了更衣室，教师让溯之坐在椅子上，为她拿出新的衣服刚要换上。溯之突然很抗拒：“我要自己换。”教师惊喜好奇地问：“自己换吗？”溯之点点头，于是教师把衣服给溯之并鼓励道：“我们溯之这么厉害啊，真棒。”

教师蹲在溯之身边，看着她自己脱下衣服，眼中充满了惊喜与赞叹。教师看到她经过几次尝试还没有把衣服穿上，她把衣服伸到了教师的面前，于是教师轻声询问：“需要帮忙吗？”她点了点头。

教师拿起她的衣服，指着袖子说“这是小洞洞”，又指向下摆说“这是大洞洞”。教师又拿起自己的衣服边念儿歌边给溯之示范，之后又一边念儿歌，一边不断鼓励溯之把衣服穿好，以便能够加强溯之的记忆力，让穿衣服变得更加容易。溯之在教师的帮助下穿好了衣服，教师鼓励道：“哇，溯之太厉害了，把小衣服穿好了。”

（二）4R 互动应用

1. 建立融洽关系

调整姿态：教师蹲下与幼儿保持同一水平高度，并用温和自然的语气开始对话。

调节情绪：教师通过“衣服湿了难不难受”共情幼儿的感受，然后提出一些开放式问题引导幼儿主动讲出刚刚发生的事情，逐步缓解幼儿因犯错而产生的不安情绪。

2. 观察识别

观察表情和行为：当幼儿提出“我要自己换”时，眼神中闪烁着期待与倔强，双手不自觉地攥紧衣角；尝试穿衣失败后，眉头微皱、动作明显放缓。

倾听声音和语调：从说话的声音和语调，结合幼儿求助的眼神，敏锐地捕捉其需要帮助的信号。

3. 即时回应

互动环节与即时回应策略见表 3–2。

表 3–2　互动环节与即时回应策略

互动环节	即时回应策略
幼儿尝试穿衣过程中	目光专注，用微笑和赞许的眼神互动，幼儿看向自己时点头回应，传递信任与肯定
穿衣指导时	模仿幼儿动作和节奏示范，重复幼儿语言，帮助其掌握动作要领，提升互动参与度
幼儿成功穿衣后	给予温暖拥抱，轻轻抚摸后背，用惊喜语气夸赞，增强幼儿自信心与成就感

4. 反思性支持

（1）幼儿发展分析

盥洗室的快乐：幼儿正处于好奇的阶段，对新鲜事物都有强烈的好奇心，盥洗室给他们带来了感官刺激和探索欲望。

秩序敏感期：幼儿的自我意识逐渐增强，但语言发展较弱，常常把“不要”“不行”挂在嘴边。溯之想要自己换衣服，所以拒绝了教师的帮助。

（2）教师行为优化

满足探索欲望：为满足幼儿的好奇心，先正确地引导幼儿对水的探索，再讲解安全教育、洗手规范，让幼儿在正确时间满足自己的探索欲望。

尊重、倾听、回应：接纳秩序敏感期的现象，尊重幼儿的想法，给予幼儿充足的时间去试错并给予陪伴与鼓励支持。

示范性支持：及时给予情感共鸣与安抚，通过儿歌的方式进行动作示范与引导，例如，小火车钻山洞，宝宝钻进大洞洞，小手钻进小洞洞，让幼儿观察、模仿教师的动作，逐步理解穿衣步骤，然后给予拥抱和表扬。

案例 3：看我搭得高不高

（一）案例背景及过程介绍

幼儿对建构游戏始终抱有浓厚的兴趣，每天幼儿园的加餐都会产生很多空牛奶箱，他们利用室内的牛奶箱，通过堆叠和架空的方式，兴致勃勃地搭建起“小动物的家”。

壹壹和小蕊在“积木乐园”随意地搭建着，不知是谁喊了一句：“你们在搭什么呢？”这也是教师好奇的地方，所以特别留意他们的回答（引起了教师的好奇心）。可是，他们并没有回答，只是四处看了看继续搭着。过了一会儿，有人喊道：“搭得好高呀！”教师听到后提示：“要一个一个搭哦！”泽泽也被这个声音吸引了过来，一起加入搭建。教师默默关注着他们的游戏进展。不一会儿，泽泽突然喊道：“现在搭得好高呀！有点儿够不到了！”踮了踮脚勉强能够得到，教师很好奇后面再高点儿他们会怎么做，就在这时，壹壹已经搬来了椅子准备继续搭高……

幼儿开心地又蹦又跳，说：“我们搭了很高很高的房子，这样就能有很多小动物过冬啦！”看来，幼儿已经找到了这次搭建的目的，这对于他们来讲可不是一件容易的事情。

幼儿利用空牛奶箱搭建“小动物的家”

(二)4R 互动应用

1. 建立融洽关系

调整姿态:教师全程蹲下或坐在幼儿身边,保持平视,与幼儿平等互动(如案例中“默默关注”)。

调节情绪:当幼儿因争抢玩具或搭建困难出现情绪波动时,教师保持平和态度,通过提示“要一个一个搭哦”引导幼儿冷静解决问题。

2. 观察识别

捕捉行为信号:幼儿踮脚够不到高处时,教师观察到动作困难(够不到了怎么办)。幼儿搬椅子继续搭建,教师捕捉到其自主解决问题的意图(自己搬来椅子站在上面)。

结合情境判断:幼儿争抢玩具时,教师结合规则意识不足的情境,判断需加强日常隐性教育(游戏前的规则意识建立很重要)。

3. 即时回应

互动环节与即时回应策略见表 3-3。

表 3–3　互动环节与即时回应策略

互动环节	即时回应策略
幼儿尝试垒高	采用镜像对话："你们搭得好高呀！"
幼儿出现合作搭建	通过陪伴和信任的眼神，鼓励和支持幼儿克服困难
垒高不牢固	教师捕捉，引导幼儿了解打好地基的重要性

4. 反思性支持

（1）幼儿发展分析

技能提升：幼儿从"垒高"到"架空"的探索，体现教师通过观察识别其发展需求，并调整支持策略（如介入强调"地基稳定性"）。

社会性发展：教师鼓励合作（从单独到交往），呼应托班社会性发展目标。

（2）教师行为优化

介入时机：案例中，教师隐形支持体现了"相信儿童是有能力的学习者"的理念，避免过度干预。

目标支持：教师通过提问："高不高？够不够？"帮助幼儿明确搭建目标，符合托班幼儿边搭边想的特点。

案例 4：童趣圈圈

（一）案例背景及过程介绍

在自主游戏中，幼儿总是能用生活中常见的游戏材料，给我们带来一些惊喜和感触。今天幼儿尝试"圈"的多种玩法，那么圈可以怎么玩呢？

壹壹："跳。"

蕊蕊："钻过去。"

泽泽："丢它。"

小满："可以拉火车。"

幼儿想出来这么多的玩法，而且是在没有教师提醒的情况下！

教师："我们用小朋友想出的玩法和小椅子结合一下，看看能有怎样的新玩法吧！"

在游戏的初步尝试阶段，幼儿发现当他们跪地爬行时，由于身体较高，难以通过某些障碍。面对这种情况，幼儿显得有些焦急。此时，教师应蹲下身来，向幼儿提出问题："那我们应该怎么办呢？别着急，试着想出一个解决办法。"幼儿贴近地面，尝试着向前爬行，并成功克服了障碍，教师鼓励："哇，真的爬过去了，你是怎么做到的？"有些幼儿选择跨越障碍，但单腿站立时身体不稳。这时，教师向幼儿提示："看看周边有什么可用的支撑物。"

幼儿玩童趣圈圈

（二）4R 互动应用

1. 建立融洽关系

调整姿态：教师始终蹲下或坐在幼儿身旁，维持视线水平，与幼儿进行平等的互动。

调节情绪：教师应时刻关注幼儿的情绪变化，及时给予安抚的话语，如"你们看起来很着急，慢慢想办法"，帮助幼儿重新建立起面对困难的信心。

2. 观察识别

观察表情和行为：教师应留意幼儿的行为动作，如幼儿在尝试跨越障碍时动作显得吃力，教师便明白幼儿在身体控制能力方面还需进一步锻炼。

结合情境判断：结合当下游戏情境进行判断。例如，在跨越障碍的游戏中，当幼儿突然停下动作，眼神迷茫地看着周围时，教师判断幼儿可能是在跨越障碍上遇到了阻碍，从而有针对性地提供适宜的支持。

3. 即时回应

互动环节与即时回应策略见表 3-4。

表 3-4　互动环节与即时回应策略

互动环节	即时回应策略
幼儿尝试“爬隧道”发现爬太高无法通过障碍	通过眼神肯定（如点头、鼓励目光），增强幼儿自我肯定
跨栏时幼儿单脚站立不稳东倒西歪	采用镜像对话：“哇！真的爬过去了，你是怎么做到的？”

4. 反思性支持

（1）幼儿发展分析

技能提升：幼儿从“单脚站立”身体摇摆不定到主动寻找支撑点，教师通过观察识别到幼儿的这一进步，助力幼儿在游戏中不断突破自我。

情绪管理：案例中幼儿出现挫折反应（爬不过去）而焦急时，教师采用为情绪命名的方式引导幼儿平复情绪。

（2）教师行为优化

介入时机：游戏开始后，教师先静观 3 分钟，记录幼儿自发行为再决定是否介入。

规则支持：规则可视化，用照片展示“游戏步骤”（选玩具—玩—放回去）。

案例 5：翻山越岭的小熊

（一）案例背景及过程介绍

幼儿是天生的游戏家，一片山坡就是一方快乐天地，只要有充足的时间、空间、材料，幼儿就能给你意外的惊喜。

泽泽：“老师，哥哥姐姐玩的那是什么？”

教师：“哥哥姐姐利用垫子、安吉梯自主创设了一款翻越游戏。”

泽泽：“是翻越小山坡的游戏吗？”

壹壹：“老师，我们也想在这里玩。”考虑安全问题，初次尝试选择在室内，现在就开启幼儿与小山坡的故事……

幼儿玩“翻山越岭的小熊”游戏

（二）4R 互动应用

1. 建立融洽关系

调整姿态：教师蹲下身子，与幼儿保持平视，用温和且充满亲和力的目光看着他们，营造一种平等、友好的交流氛围。

调节情绪：教师时刻关注幼儿的情绪变化，及时给予安抚的话语，如“加油你可以的”，帮助幼儿重新建立起面对困难的信心。

2. 观察识别

观察表情和行为：幼儿翻不过去高处时，教师观察到其动作困难。

结合情境判断：幼儿在准备跳跃时显得犹豫不决，教师结合当前的场地环境、桌子的高度以及周围其他幼儿的活动情况，判断该幼儿是因为害怕高度，还是担心与其他幼儿碰撞而产生犹豫。

3. 即时回应

互动环节与即时回应策略见表 3–5。

表 3–5　互动环节与即时回应策略

互动环节	即时回应策略
初次尝试从高处跳，幼儿犹豫不敢往下跳	采用镜像对话："宝贝，老师就在你身边，拉住我的手勇敢尝试。" 安全环境：桌子做好安全防护（全方位铺好垫子）
幼儿翻过山坡（垫子）不能做到用腿先过去，会选择直接将整个身体滚过去	眼神交互、教师示范、语言支持、教幼儿正确的翻越姿势

4. 反思性支持

（1）幼儿发展分析

翻越初探：翻越过程中可能会遇到困难和挫折，如多次尝试都无法成功翻越小山坡。在这个过程中，幼儿需要不断调整自己的动作和策略，坚持尝试。

高处跳跃：在高处跳跃时，幼儿可能会感到紧张、害怕等，他们需要判断跳跃的高度是否在自己能够承受的范围内，在这个过程中，幼儿的空间和深度感知能力会得到发展。

（2）教师行为优化

从担心到放手：教师放手幼儿反复尝试后能在"山坡"自由玩耍，为其营造信任的游戏环境，让幼儿在安全范围内适度冒险，支持其自主能力建构。

第三节　托班师幼互动特别提示

一、教师要会自我调节

作为一名托班教师，尤其是刚从中、大班下来的教师或者初带托班的教师，在带班的过程中难免会不适应，由于托班幼儿年龄小、节奏慢，更需要教师的呵护、耐心与陪伴，要学会降低预期：接受幼儿可能重复犯错（如打翻水杯），要多给予幼儿试错的机会，重点关注过程中幼儿的点滴进步而非结果。在这个过程中，教师难免有情绪低落或者烦躁的时候，要学会自我关爱。当情绪被触发时，可以这样做：先进行3~5次腹式呼吸（吸气4秒—屏息2秒—呼气6秒），同时默数呼吸次数。这种生理调节能有效降低应激反应，帮助教师恢复理性思考。教师也可以暂时请配班教师接手，深呼吸调整好情绪再与幼儿互动。

二、表达适宜且正向

教师与托班幼儿沟通时语言尽量简单化、具体化。指令简短清晰，如“小手扶碗”“玩具送回家”，避免复杂长句。同时，运用拟声词和重复性语言（如“咕咚喝水”“哗啦洗手”）增强趣味性。运用积极描述代替否定，将“不要跑”改为“我们像小乌龟一样慢慢走”，用正向示范替代禁令。

托班师幼互动三要诀：

一是减少指令式引导，倡导启发式互动。将主导性语言“你要这样”转化为邀请式提问“你想试试吗”，用开放性问题激发幼儿自主性。

二是目光常伴，日常皆互动。用眼神传递关注与回应，将日常护理

（如更换纸尿裤）转化为富含情感联结的互动时机。

三是因“型”互动，灵活回应。避免“一刀切”互动，对“高需求宝宝”多增加肢体安抚，对“观察型宝宝”多等待，留足反应时间。

实践任务

1.“师幼互动”4R体验与实践

运用录像、记录单、录音等多种方式记录师幼互动实录。聚焦以下几个方面。

尊重与平等：教师蹲下来与幼儿平视。

观察识别：观察幼儿运用表情、眼神、动作、语言想要表达的兴趣与需求。

温暖回应：温暖的拥抱、眼神的注视、镜像对话。

请用手机或相机拍摄照片，记录下你的观察和发现。

2. 实践与反思

互动时机是否适宜？为什么？互动了哪些内容？回应什么？

运用了哪些策略？如何互动？

回应是否使幼儿情绪得到满足？是否有效？互动效果如何？

反思改进效果，并思考如何进一步梳理互动经验？

3. 任务成果

一份“师幼互动”观察记录（包括照片和文字描述）。

一篇生动有趣的师幼互动小故事或案例（包括文字记录、照片、文字描述）。

托班师幼互动资源推荐

[1] 费希尔. 互动还是干扰：有效提升师幼互动的质量[M]. 张永英，唐路阳，等译. 北京：中国轻工业出版社，2022.

[2] 多姆布罗，贾布朗，斯特森. 有力的师幼互动：促进幼儿学习

的策略［M］. 王连江，译 . 北京：中国轻工业出版社，2018.

［3］威特莫，彼得森 . 0—3 岁婴幼儿发展与回应式课程设计：在关系中学习［M］. 王玲艳，等译 . 北京：中国轻工业出版社，2022.

［4］卢肯比尔，萨布拉马尼亚姆，汤普森 . 0—3 岁婴幼儿游戏：适宜的环境创设与师幼互动［M］. 张和颐，尹雪力，译 . 北京：中国轻工业出版社，2022.

［5］米纳，埃尔 . 婴幼儿及其照护者：基于尊重，回应和关系的心理抚养［M］. 张和颐，张萌，译 . 北京：商务印书馆，2023.

［6］陈煦海 . 跟情绪做朋友：教师情绪管理与成长［M］. 上海：华东师范大学出版社，2020.

第四章

托班安全防护的知与为

第一节 托班安全防护知多少

一、托班安全防护的价值与意义

在托班教育中，安全防护不仅是保障幼儿身体健康的底线，更是其心理发展、行为习惯养成和学习能力萌芽的重要起点。托班幼儿正处于认知、运动与情绪快速发展的敏感期，他们对环境的感知充满好奇，但又缺乏足够的自我保护意识和基本的应变能力，因此更易受到磕碰、摔倒、误食、烫伤等意外伤害的威胁。一个细致、科学、温暖的安全环境，不仅能减少这些潜在风险，更能为幼儿提供一片可以放心探索和自由成长的空间。在这样的空间里，幼儿可以安心地爬行、奔跑、触摸、尝试，通过与同伴的互动学习社交规则，在日常生活中逐步建立起对外部世界的基本信任。与此同时，教师可以借助生活中的真实情境，开展符合托班年龄特点的安全教育，让幼儿初步学会识别危险、表达需求，并在日常经验中逐步发展自我调节和自我保护的能力。

安全防护不仅关乎幼儿本身，更深刻影响着家长对托班教育的认知与态度。在幼儿尚未具备自我表达与判断能力的年纪，家长对园所的信任，很大程度上建立在对“安全是否有保障”的直观感受之上。当教师每日都能细致检查环境、及时排查风险，并以温和而坚定的方式回应幼儿的情绪与行为时，家长便能从一日生活的细节中感受到园所的专业与用心，从而卸下焦虑，建立信任。这种信任不仅提升了家庭对托班工作的支持度，也为后续的家园合作、教育一致性打下了基础。

更重要的是，安全防护本身也是托班教育教学顺利开展的前提条件和有效保障。一个没有安全隐患的班级环境，能让教师从应急的状态中解放出来，将更多注意力投入教学与互动；而一个让幼儿感到安心的空间，则是其投入游戏、专注学习、自主探索的必要土壤。无论是户外活动前对器械的巡查，还是饮食环节对食物温度与餐具尺寸的选择，抑或是午睡时对幼儿睡姿与体温的观察，这些看似琐碎的环节，其实都共同搭建起了一个稳固而温柔的安全支架，使教师安心地组织活动、引导学习，也让幼儿全身心地投入其中，感受到成长的喜悦与成就。安全，是托班教育温柔而坚定的底色，是给每一个初次离家的幼儿最珍贵的呵护。

二、托班安全防护的原则

托班阶段的安全防护，是一项关乎幼儿生命健康、情感发展与教育质量的系统工程。要实现安全防护的有效性，必须坚持科学性与适宜性的统一。结合托班幼儿身心发展的特点和一日生活的具体实际，教师在开展安全工作时，应遵循以下三个基本原则：预防为主原则、全面性原则与适宜性原则。

（一）预防为主原则

托班幼儿自我保护意识薄弱、动作控制能力尚不稳定，因此安全工作必须坚持“预防优先”的基本思路。教师应在幼儿进入活动空间之前，完成全面细致的环境巡查，逐项排查安全隐患。例如，地面是否干燥防滑、玩具是否无破损或小零件脱落、家具是否稳固无锐角、窗户是否加装防护网等，这些都是最基础也是最关键的防护工作。午睡室、盥洗室、户外活动区也应每日定时巡视，尤其要关注易发生滑倒、磕碰、挤压等意外的重点区域。此外，园内的电源插座、电器开关、门锁门闩、药品物资等高风险区域，也需通过物理隔离、加装保护装置等方式防止误触。除了环境层面的预防，教师和家长也应在日常交流与教育中对幼儿进行情境化的安全提醒和认知启蒙。例如，在入园适应期，教师可借助绘本、情境游戏、儿歌或手偶剧，向幼儿讲述常见的安全知识，如“不跟陌生人走”“不把小物件放进嘴里”“滑梯要一个一个下”等。由于托班幼儿尚未形成稳定的逻辑推理能力和长时记忆，需要通过不断重复、及时提醒与身体示范，引导他们在熟悉的情境中逐步内化行为规范。

（二）全面性原则

托班安全防护不应局限于某一方面，而应覆盖幼儿生活的全部空间与身心发展的多个层面，做到“身体、心理、社会”三个维度的统筹兼顾。身体安全方面，教师需关注幼儿在不同活动中的具体风险。例如，在建构区或户外玩耍中，注意防止头部碰撞、手指夹伤或跌落摔伤；进餐过程中需防止食物过大或过热造成噎食、烫伤；如厕时要特别留意地面湿滑、扶手稳固等细节问题。对一些正在戒断尿布、学习穿脱裤子的幼儿，教师更应耐心协助、避免仓促跌倒。心理安全方面同样不可忽视。教师应在班级中营造温和、友善、包容的氛围，避免因高声斥责、忽略情绪、态度冷漠等行为对幼儿造成心理伤害。发生安全事件后，教师的反应方式更是至关重要。一味的责备不仅无助于幼儿理解问题，反而可能加剧他们的恐惧或羞耻情绪。相反，教师应以积极的语言引导幼儿复盘事件，鼓励其表达当下感受，并给予具体的行为建议，从而在一次次体验中帮助幼儿建立应对困境的能力。社会安全方面则体现在人际关系和集体生活中。教师要特别关注幼儿之间的互动质量，防止因玩具争抢、游戏推搡等行为演变为伤害事件。通过设立轮流、分享、等待等基本规则，引导幼儿形成良好的交往习惯。同时，教师要留意个别幼儿是否被忽视、排斥或孤立，让每一个幼儿都能在集体中感受到被接纳、被保护、被看见的安全感。

（三）适宜性原则

托班安全防护工作的第三项原则是适宜性原则，即所有的防护措施、规则设置和教育内容都应符合托班幼儿的年龄特点与认知水平。比如，在环境设置中，应选择低矮、稳固、无棱角的家具设备，投放尺寸适中、材质柔软、无易脱落部件的玩具，避免高架堆叠、复杂结构、带有强烈刺激的材料出现于幼儿活动范围内。午睡床位之间要留有足够间距，以防翻身碰撞；盥洗区的洗手池、毛巾架等也应设在幼儿易于操作的高度。在活动安排上，教师应避免组织对幼儿协调性和控制力要求较高的活动，尤其是带有奔跑、追逐、攀爬、旋转等成分的游戏。在保证活动丰富性与挑战性的同时，严格控制节奏、强度与挑战性，始终保持教师的视线覆盖与情境控制。在规则教育中，教师应使用简洁、具体、重复性的语言，如“慢慢走”“玩具用完放回原处”“在教师看得到的地方玩”“不摸插座小洞洞”等，结合动作示范与情境复现，帮助幼儿理解。对于初次尝试新活动或新区域的幼儿，教师可通过手拉手引导、陪伴探索、个别指导等方式，给予更多的精神支持。

总之，托班阶段的安全防护，不应是对自由的压制，而应是一种充满理解与耐心的“有准备的呵护”。它要求教师从细节中发现风险、在日常中传递规则、在陪伴中建立信任。当安全成为一种氛围、一种习惯、一种情感的传递方式时，幼儿也将拥有一份笃定的向外探索世界的底气和勇气。

第二节　托班安全防护何所为

《北京市幼儿园托班工作指南（试行）》中关于安全健康、科学规范的内容提出：“切实保护幼儿的安全和健康，认真做好安全防护、营养膳食、疾病防控等工作，科学合理安排托班幼儿一日生活，满足幼儿生长发育需要，促进幼儿健康成长。”因此，托班教师有必要了解并遵守安全制度，掌握环境创设、玩具投放、组织一日生活各个环节以及家园共育中的安全防护内容和方法。

一、托班安全防护的内容

托班安全防护并非孤立的事件管理，而是一项融入环境创设、一日生活、教育活动与家园协作之中的系统性工作。以下将从安全制度、环境创设、玩具投放、一日活动环节、安全教育与家园共育六个方面，具体说明托班安全防护的主要内容与操作要点。

（一）安全制度：从规范到落实，构建制度保障的底层基础

安全制度是托班安全工作的制度保障，也是班级运行的底层逻辑。教师应熟悉园所相关的各项安全管理规定，明确自己在各环节中的职责与应急处置权限，做到制度“入脑入心、落实到人”。每日的考勤工作不容忽视，教师需及时掌握每一名幼儿的出勤状态，对无故缺勤的幼儿，应当第一时间联系家长核实原因。这不仅是出勤记录的常规工作，更是预警幼儿健康、安全等问题的重要环节。

为了确保应对突发事件时能快速、得当反应，教师还应定期参加园内组织的安全知识培训与演练，如消防逃生、触电防范、地震疏散等内容的学习和模拟。班级内应将相关安全制度、应急流程图等资料张贴在醒目位置，便于教师随时查看、按图操作。同时，教师要定期自查制度的执行情况，避免形式主义倾向，真正做到将制度内化为行为准则。

（二）环境创设：以幼儿视角出发，打造安全无死角的生活空间

一个良好的安全环境，既是物理保护的空间保障，也是情绪安稳的心理支撑。托班幼儿活动频繁但动作不协调，容易在日常奔跑、跌倒、攀爬过程中发生磕碰，因此环境布置应体现低、软、稳、净、通的基本原则。教室内外的墙角、桌椅边缘、玩具柜等硬质结构应进行软包处理，以减轻碰撞时的伤害程度；插座、电源线应加装防护装置或完全遮蔽，避免幼儿误插、误碰造成触电风险。

光线和通风同样是环境安全的重要组成部分。室内要保持自然光充足、灯光柔和，同时确保空气流通、温湿适宜，避免潮湿或闷热导致滑倒或呼吸不畅。教室布局应遵循动静分区、路径顺畅、视线通透的原则，不仅方便教师视线全面覆盖，也便于幼儿自由、安全地移动与探索。教师每日需完成环境巡视工作，发现设备老化、摆放不当或结构松动等问题，应及时修复或更换，防患于未然。

托班投放有软体包裹的滑梯组合玩具

托班环境中桌椅材质安全、轻便，墙面进行软包处理

（三）玩具投放：精挑细选，确保材料使用过程中的安全无虞

玩具是幼儿日常生活中接触最多的材料，也是最容易因不当投放而引发安全隐患的环节。托班教师在投放玩具时，应坚持无毒、安全、适宜、丰富的四大标准。首先，玩具材质应符合国家安全标准，不得含有可迁移重金属、挥发性有害气体或可能脱落的小零件；其次，玩具造型应无锐角、无缝隙，避免卡手夹肉；尺寸也应适当，避免幼儿将其放入口鼻造成窒息。

在投放策略上，教师应考虑玩具的重量、操作方式与结构复杂度，确保符合托班幼儿的能力范围。教师可以选择一些柔软布质、木制大颗粒拼搭类玩具，避免出现复杂机关或小巧易吞的部件。教师每周应定期检查玩具使用情况，对破损、变形或脱落部件的玩具应及时淘汰或维修。玩具消毒工作也需定期进行，特别是毛绒类或入口玩具，更要在彻底晾干后再投放使用，防止因潮湿而滋生细菌。

（四）一日活动环节：环节细化，流程清晰，防患于未然

一日生活的每一个环节，都可能隐藏着不同类型的安全风险。因此，教师必须对活动流程有明确把控，在“熟悉流程—掌控节奏—预判风险—灵活应对”之间形成自觉的专业判断。早操与户外活动前，教师应提前巡视场地，清除障碍物或可能绊倒、割伤幼儿的杂物，同时评估当日天气是否适宜外出。如遇雨天、雪后或强风等特殊天气，可安排室内替代活动。

在进餐过程中，教师需关注食物温度、颗粒大小与幼儿进食时的坐姿。热汤热饭需晾至适口温度，小块食物如葡萄、果冻等应切成易咀嚼的形状以防噎食。教师应坐在幼儿身边，边观察边鼓励，发现咳嗽、吞咽困难或偏食挑食现象及时介入。

午睡是教师最容易放松警惕的时段，却也是安全问题高发的环节之一。教师应关注每名幼儿的睡姿、被褥是否盖好、身体是否发热；室内

要保持适宜的温度和空气流通，并定时巡视。有特殊睡眠习惯或体温调节能力差的幼儿，需给予个别照顾。

在离园环节，落实接送制度尤为关键。教师要严格执行接送人核验制度，防止由疏忽造成幼儿被错接或被陌生人带走等严重事故。教师还应通过每日简短交流，将当天幼儿在园表现、安全状况及时反馈给家长，增进理解与信任。

（五）安全教育：寓教于日常，培养幼儿初步的自我保护意识

虽然托班幼儿年龄尚小，但并不意味着他们不能理解安全的含义。相反，正是在这一阶段，安全教育最能以直观、具体、情境化的方式渗透给幼儿。教师可以通过绘本讲述、情境模拟、儿歌律动、角色游戏等多种方式，将红灯停绿灯行、不吃陌生人给的东西、不离开大人视线等安全常识转化为幼儿可理解、可模仿、可表达的行为内容。

例如，在开展“安全上厕所”活动时，教师可带领幼儿演练进出厕所的正确方式，介绍地滑时要慢走、不推人等要点；通过模拟“突发情况演练”，让幼儿知道当走失、跌倒、或看见危险物品时应立即寻求教师帮助，提升其应对意外的初步能力。在活动中，教师要特别关注幼儿的情绪变化，若发现幼儿因某些安全主题（如火灾、迷路）感到恐惧，则应及时给予安抚，用幼儿能理解的方式表达，确保其心理安全感不被削弱。

教师还可邀请家长参与安全教育的延伸部分，例如，通过家长会、小视频征集、家庭任务单等方式，让家长分享孩子在家中的安全行为案例，实现家庭与园所的教育协同。

圆圈游戏《小兔子乖乖》

（六）家园共育：协同发力，共建安全网络

托班阶段的安全防护不仅需要园所单方面努力，更需要家长的积极配合与共同参与。教师应定期向家长宣传相关安全知识，如交通安全、防溺水、防走失、防烫伤等常识，可结合时事热点、安全月等节点组织主题宣传或亲子活动。例如，利用班级微信群发送简洁明了的“家庭安全小贴士”，让家长了解在家中应如何布置安全角、存放药品或厨房器具等，提升家庭端的安全意识。

教师还应及时将幼儿在园中的安全情况反馈给家长，如今天是否摔倒、是否正确使用玩具等细节，并鼓励家长观察孩子在家庭场景中的延伸表现。通过互相反馈和正向评价，教师与家长可共同搭建起幼儿安全意识的“桥梁”。

家园沟通的形式应灵活多样，不拘一格。教师可根据家庭需求选择微信群、纸质通知、家长园地、电话沟通等方式，确保安全信息传达及时、沟通渠道畅通，使安全教育真正延伸至幼儿的每一个生活场景之中。

案例

亲子活动中幼儿的意外事故处理

案例描述：

在幼儿园组织的亲子活动开始前，教师专门组织家长会，详细告知家长活动中的安全注意事项。在亲子活动进行到翻越障碍环节时，一名幼儿不小心被用于设置障碍的绳子绊倒，致使膝盖擦破。教师第一时间发现后，迅速联系了同行的保健医。保健医立即赶来，对幼儿受伤的膝盖进行了专业处理，消毒、包扎伤口。在整个过程中，家长目睹了教师和保健医的迅速反应与悉心照护，对他们的工作给予了充分认可。

案例分析：

1. 活动前组织家长沟通安全事宜，显示出教师对可能出现的安全问

题的前瞻性和重视程度。教师深知亲子活动中环境复杂、幼儿易发生意外，提前告知家长相关安全信息，从多方面预防事故。这种积极主动的行为反映出教师高度的责任心，把幼儿的安全保障放在首位。

2. 在幼儿受伤后，教师能及时发现并迅速联系保健医，体现了教师在应对突发安全事故时的应急处理能力。保健医的专业处理则是对幼儿安全保障的进一步强化。在这一过程中，教师和保健医紧密配合，将幼儿受伤可能带来的风险降到最低，有效保护了幼儿的健康，也让家长看到了幼儿园在安全保障方面的专业和责任感，从而赢得家长认可，维护了家园之间良好的信任关系，同时为今后类似活动的安全开展提供了经验。

北京市朝阳区望京新城幼儿园　张丽娜

二、托班安全防护的具体方法

托班幼儿年龄小，对周围的世界充满好奇，但缺乏一定的自我保护能力和认知能力。因此，有效的安全防护方法至关重要。教师应当通过科学合理的安全防护措施，为幼儿营造一个安全、温馨、舒适的环境。下面将从“人”“事”“物”三个视角，以案例形式呈现托班安全防护的相关工作。

（一）从“人”出发，筑牢防线

托班幼儿年龄小、认知尚未发展成熟，动作协调能力弱，对外部世界充满好奇却缺乏足够的危险意识。他们可能会将小物件塞入口鼻，不慎跌倒磕碰，甚至对陌生人毫无防备。这些看似微小的行为，一旦失察，就可能引发严重后果。因此，安全防护的第一道防线，必须从“人”出发，从每一个与幼儿密切接触的个体入手，共同织密保护网。教师、家长、幼儿三方既是防护对象，也是防护者，需要在不断学习与实践中形成协作，共同守护幼儿的健康成长。

1. 以“幼儿”为本：启蒙认知、养成习惯

虽然托班幼儿语言有限、理解能力初浅，但这并不妨碍他们对规则的感知和行为的模仿。教师应在日常中有意识地引导，通过贴近生活的方式将安全观念润物细无声地传递给幼儿。例如，教师可以借助富有节奏感的安全儿歌，如“小手不摸插座眼，小脚不踩楼梯边”，帮助幼儿在吟唱中记住重要的行为规则；也可以通过绘本讲述，如《小熊小心电源》《不跟陌生人走》，让幼儿在情节中初识“危险”的模样，培养基本判断力。

托班教师自制安全玩具，幼儿使用工具车图书进行游戏

在游戏中加入安全教育元素同样有效。教师可组织模拟过马路、地震躲避、火灾逃生等情境游戏，让幼儿在“玩”中练习，在“演”中强化。例如，用红绿灯积木配合“停—走”口令进行交通安全游戏，既锻炼幼儿的专注力，也帮助他们建立对交通规则的直觉反应。更重要的是，教师要在日常生活中不断重复行为示范，如上下楼梯时牵手靠右、洗手排队不推挤、吃饭不含食物讲话等，通过日复一日的引导，帮助幼儿在具体操作中建立安全行为的程序记忆。

2. 以“家长”为桥：共建共育、协同守护

家庭是孩子的第一个成长场域，园所的安全教育若无法延伸至家庭，效果往往难以巩固。因此，教师应主动与家长建立稳固的沟通渠道，把安全教育从园内事务拓展为家园共修。在开学初期，教师可以通过专题家长会介绍托班安全防护要点，让家长了解园所标准和流程；日常接送中则以简短交流方式反馈幼儿的行为表现，提醒家长关注家中是否存在高处放置重物、插座裸露、家具棱角等隐患；对于有特殊情况的幼儿（如易摔倒、胆小怕生、对陌生环境敏感等），还可与家长共同商讨个别化的防护策略，做到因人而异。

教师也可借助新媒体工具加强信息传递，例如，定期在班级微信群推送图文并茂的安全提示，如“防拐骗五不要”“厨房安全注意事项”等，或分享实用视频，指导家长如何处理跌倒擦伤、识别食物过敏反应等。必要时，教师还可邀请家长走进教室，参与家长体验日活动，由教师现场讲解如何为家中环境进行安全软化处理，如家具包角、浴室止滑等。通过这样具体可感的方式，让家庭成为幼儿安全保护网中可靠的一环。

3. 以“教师”为核：专业支撑、警觉常在

作为日常保教的执行者，教师自身的专业素养是安全工作的根基。托班教师不仅需要具备基本的安全知识，更需要不断更新理念、强化实操技能。园所可定期组织安全培训，如消防演练、地震避险、常见伤情处理等，帮助教师熟练掌握止血包扎、气道异物急救、低温高热应对等关键技能。在教学之外，教师也应主动学习相关内容，如浏览儿童安全资讯、关注托幼事故案例、吸收前沿安全理念，使自身在认知和应变上始终保持敏感与前瞻。

更重要的是，教师在日常中应保持“安全意识常在”的状态。每日上午入园前，教师可先巡视教室与活动区域，确认玩具完整无破损、桌椅稳定无松动、电器线路无暴露、储物柜关闭严密。活动前，教师可再

次检查地面是否干燥、活动材料是否符合当天投放计划、有无尖锐杂物残留。在教学中，教师则保持“眼观六路、耳听八方”的状态，不仅要关注主活动区域，也要时刻注意角落中幼儿的独立行为，及时发现蹲坐时小物件掉落、同伴之间的潜在冲突、幼儿自主探索的危险举动等，并即时处理。

此外，每日的考勤记录也是不可忽视的制度环节。教师应准确记录每名幼儿的出勤情况，确保幼儿在园外同样处于安全的看护状态，防止因信息不畅引发监管漏洞。真正做到安全无小事。

案例

小指甲引发的“小意外”——托班幼儿自我划伤事件剖析

案例描述：

在托班的日常活动中，幼儿正在自由玩耍。突然，角落里传来了哭声，教师迅速赶到，发现幼儿的脸颊上有几道浅浅的抓痕，仔细查看后，确定是被指甲划伤的。经询问，原来是幼儿自己在玩玩具时，小手无意识地乱动，过长的指甲就刮到了脸。这并非个例，近期班里陆续有几个幼儿也出现类似因指甲长而抓伤自己或同伴的情况，尽管伤口都不严重，但引起了教师对幼儿指甲护理及安全隐患的高度重视。

案例分析：

1. 托班幼儿年龄小，大脑对手部精细动作控制能力差，尚不能精准支配手指动作，玩耍兴奋时更易手舞足蹈，难以意识到长指甲的危险性，在探索触摸过程中，极易划伤皮肤。

2. 在每日幼儿入园晨检环节，教师应细致检查每个幼儿的指甲长度，要将指甲过长问题纳入重点排查范畴。

3. 与家长沟通幼儿个人护理要点时，应重点强调定期修剪指甲对托班低龄幼儿的重要性，减少受伤风险。

托班教师应时刻陪伴在幼儿身边，密切观察他们的一举一动，及时发现并处理安全隐患。在引导幼儿时，语言要简单、形象，多使用肢体动作和表情辅助。教师还需与家长高频沟通，每日详细反馈幼儿在园情况，包括饮食、睡眠、情绪及是否有磕碰等细节。

北京市朝阳区望京新城幼儿园　张丽娜

（二）从“事”出发，细化流程

托班幼儿的安全防护不仅是应对突发事件的“应急反应”，更是一项日复一日、环环相扣的工作系统。从幼儿入园的第一分钟，到家长将其安全接回的最后一刻，教师需要对每一个生活细节心中有数、手中有序、行动有度。只有将安全意识真正落实到一日生活的各个流程中，才能有效预判风险、减少疏漏，为幼儿建立起稳定、可靠的“生活节奏”。

1. 入园与晨检，启动安全防护的第一环

每天清晨，教师迎接幼儿入园的时刻，既是情感过渡的关键阶段，也是安全保障的起点。教师应主动与家长进行简短交谈，了解幼儿在家的身体状况、精神状态与睡眠饮食等情况。如发现幼儿精神不振、体温偏高、皮肤出现异常等情况，教师应立即在晨检记录中做出标记，并与家长沟通是否适宜留园。同时，教师需对入园幼儿进行简要的身体观察与情绪评估，用温和的语调、熟悉的表情帮助幼儿顺利从家庭过渡到集体生活。

入园后的考勤登记也不可忽略。教师要及时核对幼儿名单，对未到园的幼儿应主动联系家长，了解缺勤原因，并将其记录在班级台账中，确保每一名幼儿都处于明确、可控的看护状态。

2. 活动前后，提前准备与及时巡视

托班幼儿日常的集体活动和区域游戏，是其探索世界、建立规则感的重要路径，同时是安全事件的高发时段。教师在组织活动前，应仔细

检查场地是否整洁干燥，是否存在积水、杂物或裸露电线等安全隐患；活动器械是否牢固，是否适合当前天气与温度条件使用；玩教具是否符合当天的使用目标与年龄发展水平。

在活动过程中，教师需保持动态巡视，注意观察幼儿的行为状态。幼儿在游戏中可能因兴奋而奔跑、推搡，或因争抢产生矛盾，教师要在保障基本自由的前提下，适时介入、温和引导。对于新投放的材料或新开的区域，教师应有计划地分批引导幼儿进入，确保视线与注意力能够覆盖。

活动结束后，教师要引导幼儿有序收纳玩具，及时清点材料数量，发现损坏或缺失情况应立即记录并撤换，避免下次使用时发生意外。

3. 饮食与盥洗，重在细节与习惯

餐前，教师需提前检查食物温度与质地，确保无过热、过硬、过大的食物。对于托班幼儿，适当将水果切块、饭菜调软、汤水放凉是基本要求。幼儿用具应按人定位，避免混用，防止交叉感染。进餐过程中，教师应全程陪餐，关注每一名幼儿的咀嚼与吞咽情况，及时发现噎食、拒食或食物过敏反应。

盥洗环节同样关键。洗手池、毛巾架、便盆等设施应安装在适合托班幼儿操作的高度，并有明确的标识。地面需保持干燥，洗手台下方应铺设防滑垫。教师要耐心引导幼儿逐步学会自主洗手、如厕、漱口，在操作中形成基本的生活规则感，同时减少由操作不当造成的滑倒、烫伤等风险。

安全洗手活动《甩甩手》

4. 午睡与起床，防范最容易松懈的时段

午睡环节虽表面安静，却是最容易发生安全隐患的时段。教师应在幼儿入睡前协助其整理褥子、调整被子，确保口鼻无遮挡、肢体不悬空床外；室内应保持空气流通，避免温度过高或过低，同时减少噪声干扰。入睡后，教师每隔 15~20 分钟需巡视一次，观察幼儿呼吸是否顺畅、睡姿是否异常、是否出汗过多等。一旦发现异常，应立即轻柔调整并做好记录。

起床后，幼儿可能因为睡眠惯性而行动迟缓或情绪波动，教师应提供足够的过渡时间，引导其慢慢坐起、穿衣、喝水，避免突然起身导致跌倒或不适。

5. 离园与交接，守好安全的“最后一公里”

离园环节同样重要。教师应根据园所制度执行授权接送（接送卡）制度，严格核对接送人身份。若遇亲属代接，则需提前获得家长授权，不得因熟悉而放松警惕。对未按时来接的幼儿，教师应安排专人看护，联系家长确认到达时间，严禁出现无人监管或自行离园的情况。

在离园交接中，教师可简要反馈幼儿当日表现，尤其是身体状况、安全行为等内容，形成闭环式的信息传递，让家长安心，也为后续家园沟通打下基础。

案例

盥洗室里看不见的水渍

案例描述：

在饮水环节，一名托班幼儿不小心把水洒在了盥洗室的地上，形成了一滩水渍，幼儿不知道这个事情的危险。不久后教师经过此地，由于水渍未干，地面湿滑，教师险些摔倒。不过教师反应迅速，立刻拿来吸水拖布，仔细地将地板拖干，消除了地面的安全隐患，从而避免了幼儿

在使用坐便器起身之后或在盥洗室活动时滑倒受伤的情况发生。

干净整洁的托班盥洗室

托班盥洗室粘贴防滑的安全标志

案例分析：

1. 教师在遭遇差点滑倒的情况后，能够迅速采取行动，用吸水拖布拖干地面，这种对安全问题的敏感度和快速处理能力非常关键。这一行为及时消除了幼儿因地面湿滑而滑倒受伤的潜在风险，保障了盥洗室环境的安全。

2. 特别指出在幼儿使用坐便器后，教师目光一定要关注幼儿在盥洗室的举动。因为盥洗室存在多种安全隐患，如地面湿滑、物品摆放不当等，幼儿在这个区域的活动需要教师密切留意，以便在第一时间发现问题，如及时制止幼儿在盥洗室奔跑、避免他们因接触危险物品受伤，从而全方位保障幼儿在盥洗室的安全，包括防止因水渍滑倒等类似本次案例中的情况。

北京市朝阳区望京新城幼儿园　赵静

（三）从“物”出发，托班专属的安全好物

物品是儿童日常生活中最直接、最频繁的接触对象。对托班幼儿而言，环境中每一张桌子、每一块垫子、每一件玩具，都不仅是物质载体，更是他们感知世界、练习动作、表达情绪的依托。因此，安全防护不能仅限于抽象的制度，更必须落实到物品的层面：所处的空间环境是否足够柔软与稳固，所用的器具材料是否符合年龄与生理特征，日常投放的玩具是否安全、清洁、适宜。只有构建一个“物我和谐”的活动环境，幼儿才能在被理解和保护的基础上，放心地探索、发展与游戏。

1. 环境布置的温柔设计：软化、稳固、顺畅

一个安全的物理环境，首先来自对空间布局的科学判断与细节处理。在教室布置中，桌椅、书柜、玩具架等大型家具，应统一采用圆角或加装防撞条，以减轻幼儿在活动过程中可能发生的磕碰。对于那些常被忽视的墙角、柱脚，也应使用软质包边材料进行遮护，降低磕碰风险。地面铺设方面，建议使用防滑地胶或泡沫拼接垫，不仅减少摔伤可能，也提高脚感舒适度，鼓励幼儿更积极地参与地面游戏和自主活动。

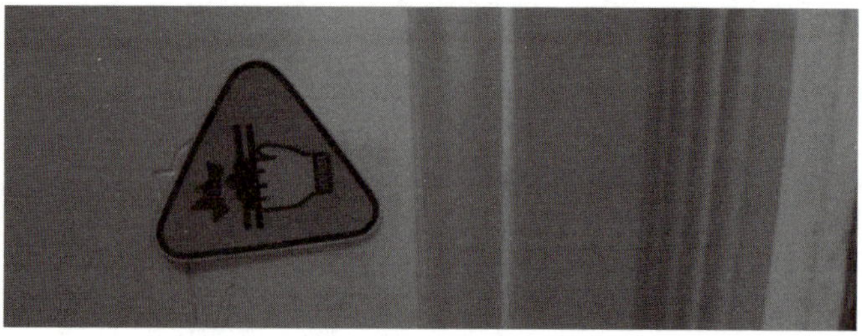

在环境创设中门缝增加安全标志和防夹手装置

教室的动线布局也应以顺畅和安全为基本原则。活动区之间需留出足够的通道空间，不得有重物、杂物阻挡。家具摆放应避免遮挡视线或形成盲区，能够使教师对全体幼儿实现目光可及的动态管理。尤其是在托班阶段，教室的可视性、安全性与功能性是彼此不可割裂的整体。

案例 ▶▶▶▶

托班室内体能软滑梯安全投放

案例描述：

我园在托班室内体能游戏区，放置了软滑梯这一游戏设施。考虑到幼儿游戏过程中可能需要更大的活动空间，班级教师会根据实际情况将滑梯推至靠边位置。在移动滑梯的过程中，教师会格外留意周围环境，确保滑梯放置的位置既不会妨碍幼儿的正常活动，也不会因靠近墙边等位置而产生安全隐患，如碰撞墙壁、挤压到在墙边玩耍的幼儿等情况，保障了游戏区域布局的合理性和安全性。

案例分析：

1. 教师这种根据幼儿活动需求灵活调整滑梯位置的做法值得肯定。将滑梯推至墙边，有效扩大了幼儿的活动场地，使幼儿在室内体能游戏中有更充足的空间奔跑、玩耍。同时，在摆放过程中确保安全，避免了由滑梯随意放置可能导致的摔倒受伤、碰撞等安全问题，充分考虑到了托班幼儿的行动特点和安全需求。

2. 教师在日常教学中对游戏设施的管理体现出较高的安全意识。通过合理安排滑梯位置，预防了潜在的危险，为幼儿营造了一个安全舒适的游戏环境，有助于幼儿全身心投入游戏，促进其体能发展和身心健康，减少由环境因素导致的安全事故发生概率。

3. 玩具投放中的安全防护如下。首先，教师在选择玩具时，严格把关质量，避免购买有锐利边角、易脱落小零件或材质不安全的玩具。投放前，仔细检查玩具是否完好无损，有无潜在危险。在投放过程中，根据托班幼儿的年龄特点和能力，合理分配玩具，避免难度过高或过低造成意外。其次，教师对玩具进行分类管理，将可能存在危险的玩具放在幼儿不易接触到的地方。定期对玩具进行清洁和消毒，防止细菌滋生引发健康问题。教育幼儿正确使用玩具的方法，培养他们的安全意识。在幼儿玩耍时，密切观察，及时制止不当的使用行为，确保玩具使用过程中的安全。

北京市朝阳区望京新城幼儿园　蔡英华

2. 设施设备的定期体检：查隐患、补漏洞、重维护

在日常运作中，各类设施设备都需要教师定期巡视与及时维护。教室内的桌椅、床铺、收纳架等应每周进行一次全面检查，观察是否存在松动、缺螺丝、结构不稳等情况。如发现异常，应及时采取处理措施，例如，加固固定螺丝、重新调整床架、拆除破损护栏等，切不可使之带病运行。

电器设施尤其需提高警惕。插座应配备安全盖板，高度远离幼儿可及范围；电线不得裸露在外，防止触电与绊倒风险；电灯、饮水机等常用设备应检查是否过热、是否存在老化短路隐患，使用中如出现异常（如闪烁、冒火花等）须立即上报并停止使用。

值得强调的是，维护不仅是“发现问题后的补救”，更是一种“提前处理、防患于未然”的专业素养。一个细微的松动、一颗松动的螺丝，若置之不理，都可能成为安全事故的源头。

3. 玩具摆放的科学规划：低位、分类、可视

玩具虽小，但蕴含极大的安全管理学问。在托班阶段，教师应根据幼儿发展水平设置“易拿、易放、易归位”的材料陈列方式。玩具应全部摆放在低矮、稳固的开放式收纳架上，方便幼儿自主取用，同时减少从高处掉落砸伤的可能。不同类型的玩具应分类存放，并在收纳盒外贴

上图文标签，帮助幼儿在日常活动中建立管理物品的观念。

体积较大的教具、教学器材、音响设备等重物应靠墙摆放，并使用固定器加固，防止倾倒伤人。特别是在紧急疏散情境中，顺畅的通道与无障碍环境将大大提高逃生效率，减少恐慌与混乱。因此，教师在每日布置与整理中，都应将“通道畅通”作为重要标准之一。

4. 玩具本身的安全管理：材质、尺寸、结构全覆盖

托班玩具的选择应严格参照儿童用品安全标准，优先选用木质、无毒软塑料或环保橡胶等材质，杜绝刺激性气味、易碎结构和含有重金属涂层的产品。积木类玩具应使用经认证的安全材料，避免甲醛超标或边角粗糙。有些颜色鲜艳但价格低廉的塑料玩具，其实可能添加了大量挥发性染料，对幼儿皮肤或呼吸道造成潜在威胁，须坚决避免。

尺寸方面，教师应特别注意防止“可吞咽、可塞入鼻腔耳道”的小件玩具流入活动区。一般建议所有可单独拆卸的零件直径不小于 3 厘米；软质玩偶、拼图块等应具备一定的握感与弹性，以降低在投掷、啃咬、摩擦等动作中造成伤害的风险。教师在日常投放材料时，应随时检查是否存在玩具零件脱落、部位松动等问题，如发现需立即撤除并修复。

案例

托班游戏区域投放彩色软积木玩具

案例描述：

北京市朝阳区望京新城幼儿园在托班的游戏区域投放了彩色软积木玩具，这些积木有着红、黄、蓝、绿等多种鲜艳的颜色和不同形状。它们由泡沫材质制成，表面带有细致的纹理。哪怕搭得很高的积木突然倒了，泡沫材质的积木触碰到幼儿身体，也不会造成伤害。幼儿在接触这些积木时，能够感受到独特的抓握手感。幼儿还可以利用这些不同形状的积木拼搭出各种各样充满创意的作品，丰富他们的游戏体验和想象力。

托班幼儿使用彩色软积木进行搭建游戏

案例分析：

1. 彩色软积木采用泡沫材质，质地柔软。极大地保障了幼儿在使用过程中的安全。即使幼儿在玩耍过程中不小心将积木砸到自己身上，也不会对他们造成实质性的伤害。

2. 积木表面的细致纹理设计不仅能为幼儿提供丰富的触觉体验，还能在一定程度上增加摩擦力。幼儿在抓握时能更稳固地拿住积木，减少积木滑落而导致的意外摔倒风险。而且，积木的大小和重量适合托班幼儿的体能与手部精细动作发展水平，方便他们拿取和操作，避免因积木过重或过大难以控制而引发安全问题。积木在设计上没有尖锐边角，确保幼儿在摆弄积木时不会被划伤，进一步保障了游戏过程的安全性。

北京市朝阳区望京新城幼儿园　桂玉蛟

5. 玩具质量与结构的安全审查：从边角到缝线

一件好玩具，不仅要功能适宜，更要结构可靠、做工精细。教师在选用时，应仔细检查其边缘是否光滑无毛刺、接缝是否平整牢固。毛绒玩具缝合要严密，防止内部填充物外露；塑料玩具接口处不应有突起或锐角，以防抓伤或割伤皮肤。

金属类、玻璃类或结构复杂的组合玩具不建议在托班阶段投放。尤其是一些含铁丝骨架、磁吸小零件、易拆卸拼装的玩具，虽然外观吸引幼儿，但极易造成误食或划伤。教师在定期检查中要保持警惕的眼光，宁愿提前撤除有疑虑的玩具，也不要侥幸使用看起来还能用的旧物。

6. 玩具清洁与维护：安全使用的持续保障

玩具的清洁与消毒，不仅是卫生管理要求，更是防止疾病传播、保障身体健康的底线工作。塑料玩具应使用温水和温和清洁剂清洗后自然晾干，布类玩具应定期机洗、日晒，木质玩具应用湿布擦拭、酒精擦消。严禁使用刺激性强、残留毒性大的清洁剂，如含氯漂白液等。清洁过程应注意表面与内部同步进行，尤其是拼插类、空心类玩具，更要检查其内部是否积尘、发霉。

玩具维护也需同步进行。如发现玩具轮子松动、拼插不稳、边角断裂等问题，教师应立刻收回并标记“待维修”。同时，不可忽视玩具包装标签上的安全信息。凡是正规厂家出品的玩具，外包装上都应印有“CCC”认证标志或“GB 6675”安全标准编号，特别是电玩具、塑料拼插类玩具、金属车类玩具等，务必核对国家标准执行标识。教师在采购或验收入库环节要严格把关，确保每一件进入教室的玩具都符合国家规定，不给安全埋下“无形雷区”。

“CCC”认证标志、“CE”标志、“年龄限制”标志

注：CCC 是 China Compulsory Certification（中国强制性产品认证）缩写，用来证明产品符合质量安全相关国家标准要求。估计您在身边的电子、家电、汽车等很多产品上都见过它，其实它也是童车、玩具等儿童用品的合格身份证明。目前，实施 CCC 认证的儿童用品包括以下三种：童

车类产品（儿童自行车、儿童三轮车、儿童推车、婴儿学步车）、玩具（电玩具、塑胶玩具、金属玩具、乘骑车辆玩具）、机动车儿童乘员用约束系统（汽车儿童安全座椅）。还可以登录市场监管总局或认监委的官网，通过全国认证认可信息公共服务平台"认 e 云"（cx.cnca.cn），查询认证证书真伪。一看目录、二认标志、三查真伪。

CE 是法文缩写，直译是欧洲标准。有 CE 标识的商品，代表商品通过了欧洲经济区规定的健康、安全、环保的标准。"CE"标志是安全合格标志而非质量合格标志，是构成欧洲指令核心的"主要要求"。"CE"标志是一种安全认证标志，被视为制造商打开并进入欧洲市场的护照。

"年龄限制"标志，是根据欧盟玩具安全标准 EN71 设立的。它的含义是：禁止不满 3 周岁的儿童接触此类玩具。因这些玩具中含有细小的组件或配件，有可能被儿童误食而发生危险。

7. 美工材料的隐性防护：看得见的创意，看不见的危险

托班活动中常常会使用各种绘画、手工材料，这些材料同样需要安全评估。例如，指画颜料应选择符合 GB 6675.14—2014《玩具安全　第 14 部分：指画颜料技术要求及测试方法》的产品，以免含有重金属或刺激性配方。画棒、油画棒、彩泥等用品需特别标注"不含铅、砷、锑"等重金属，避免幼儿通过皮肤接触或入口误食造成隐性伤害。

纸张选用上也需注意，不宜使用"过白"且反光强烈的纸品，因为其中可能添加了荧光增白剂，长期使用可能影响幼儿视力与健康。推荐使用自然本色纸张或获得环保认证的学生用品标准产品（如 GB 21027—2020《学生用品的安全通用要求》）。

第三节　托班安全防护特别提示

一、托班和小班安全防护的不同

托班和小班幼儿在年龄、身心发展特点上有差异，其安全防护也有所不同，主要体现见表 4-1。

表 4-1 托班和小班幼儿的差异对比

班级	托班	小班
防护重点	托班幼儿年龄一般在 2~3 岁，身体协调性和平衡能力较差，安全防护重点在于防止摔倒、碰撞等意外，如在地面铺设柔软材料，家具边角做好防护	小班幼儿年龄在 3~4 岁，活动能力和好奇心增强，安全防护重点除了基本的摔倒、碰撞，还需防止幼儿因探索行为引发的危险，如触摸电源、攀爬高处等
安全教育	托班幼儿认知能力有限，安全教育多以简单、直观的方式进行，如通过简单的儿歌、图片让幼儿认识一些基本的安全标识，知道不能随意离开教师等	小班幼儿有了一定理解能力，安全教育可更深入，如讲解简单的交通规则，开展角色扮演活动让幼儿了解火灾逃生方法等，培养其自我保护意识
生活护理中的安全	托班幼儿生活自理能力弱，在饮食、午睡等生活护理中安全防护更细致，如喂食时注意食物大小和温度，防止噎食、烫伤，午睡时应频繁查看幼儿睡姿	小班幼儿有一定自理能力，但在生活中仍需提醒和监督，如提醒幼儿正确使用餐具，防止打闹时餐具伤到自己或他人，关注幼儿个人物品使用安全，避免争抢导致受伤
活动安排与安全	托班幼儿活动量小，活动以简单、温和为主，如简单的手指游戏、缓慢的音乐律动。选择适合幼儿抓握、操作的玩具，避免玩具过小造成误吞	小班幼儿活动量增加，可开展更多规则和竞争性质的游戏活动，要加强对游戏过程的组织和指导，防止幼儿因争强好胜引发冲突或摔倒受伤，活动器材难度和挑战性稍高于托班，需确保器材使用安全
沟通与协作	托班教师与家长沟通更频繁，要及时反馈幼儿在园的每一个细节，包括是否有磕碰、情绪变化等，以便家长了解情况	小班教师除了与家长沟通幼儿安全情况，还会注重与家长协作培养幼儿安全习惯，鼓励家长在家延续幼儿园的安全教育内容

二、如何提升托班幼儿的参与性

托班阶段的安全教育并不只是教师的一厢情愿。真正有效的安全防护，需要让幼儿自身成为其中的主动参与者。虽然这个阶段的幼儿年龄尚小，理解能力有限，但他们具备强烈的模仿冲动、游戏兴趣与情境代入能力。只要方式得当，就能激发他们在安全防护中的主动性，让“被保护”逐步转变为自我保护的萌芽。提升托班幼儿的参与性，不是增加额外负担，而是在他们熟悉的节奏与游戏中，自然嵌入安全意识的种子。

（一）故事与游戏：让规则有温度、有趣味

托班幼儿喜欢故事，也喜欢扮演角色。借助绘本、儿歌、手偶、情境表演等方式开展安全启蒙，不仅符合他们的认知发展特点，更能让原本抽象的规则在具象情境中变得生动起来。例如，每周安排一次“安全故事分享会”，教师可以讲述如《小兔子不跟陌生人走》《小熊小心电源》《红灯停绿灯行》这类贴近生活的绘本，在讲述过程中注重表情语调的变化，引导幼儿代入角色、感知情境。

故事讲完后，教师可以邀请幼儿分组进行“角色表演”，让他们轮流扮演小兔子、陌生人、警察等，在扮演中理解“不能随便跟人走”“遇到危险找大人”等基本常识。这样的表演不仅能加深记忆，还能激发表达欲望，让幼儿在情绪参与中建立规则意识。

此外，教师还可设计“安全小能手”系列游戏。例如，模拟过马路、火灾逃生、找不到大人时该怎么办等情境任务，设定清晰目标与奖励机制，让幼儿在完成任务的过程中强化安全动作。例如，在“红绿灯游戏”中设置起点与终点，教师扮演交通灯，幼儿根据口令行动，既锻炼听指令能力，也复习交通规则。在游戏过程中教师可以给予小贴纸、小印章等奖励，增强幼儿参与的积极性与荣誉感。

（二）环境创设：让幼儿的“作品”融入环创

参与感不仅存在于活动中，也应延伸到环境的打造之中。教师可在教室内设立安全角，邀请幼儿一同参与标识制作与布置，让原本静态的环境成为他们共同构建的生活空间。例如，提供彩色卡纸、水彩笔、剪刀等材料，引导幼儿与教师一起制作“禁止触摸”“小心地滑”“请牵好大人手”等简易安全标识，再根据生活场景将其张贴在合适的位置，如洗手池边、电源插座旁、楼梯口前等。

为了保持幼儿的新鲜感与参与度，安全角的内容可定期更新。例如，教师可以组织危险物图片收集活动，请家长与孩子一起从杂志、说明书、

包装盒上剪下带有警示标志或危险提示的图片，带到幼儿园，与教师一起将其分类整理并贴于展示板上。通过共同建设，幼儿对这些标识的理解会更加深刻，在日常中也更愿意去遵守与提醒同伴。

教师还可以设置“我的安全建议板”，鼓励幼儿在教师协助下表达自己对“怎么更安全”的小建议，即使只是一句“不要跑太快”或“玩完玩具要放好”，也能让他们在表达中建立我是安全参与者的初步自觉。

（三）日常互动：把安全教育融入每一次回应

托班幼儿的学习离不开重复，也离不开具体情境中的即时回应。安全教育若想真正走进幼儿心里，不能只靠集中讲解，而应在一日生活的每一个细节中穿插引导。例如在洗手时，教师可以随口提问：“洗完手为什么要擦干？”“为什么不能把水溅到地上？”当幼儿能准确回答或表现出相应行为时，教师应给予即时肯定，如一句“你真是个安全小老师”，让他们感受到行为背后的价值。

在发生安全问题时，也应让幼儿参与到反思与讨论中。例如发现玩具破损，教师可以组织一个简短的问题小会议，和幼儿一起讨论：“这个玩具坏了我们该怎么办？”“我们下次怎么做才不会把玩具弄坏？”通过集体找办法的形式，让幼儿学会表达、倾听、提出自己的看法，也让规则不再是教师规定的，而是大家共同遵守的。

此外，教师还可以轮流设置“安全观察员”岗位，让每名幼儿都有机会成为提醒别人的人。比如，在自由活动前请当天的观察员提醒大家不在教室里奔跑，在盥洗室提醒同伴洗完手要把水关掉。通过这种轮流参与、角色转换的方式，幼儿更容易从“他律”过渡到“自律”，在集体生活中体验到责任感和成就感。

实践任务

1. 安全环境观察体验

选择教室或户外活动区的一处场所，从幼儿的视角出发进行一次安全观察，重点关注是否存在尖锐物、裸露插座、摆放不稳等隐患，并用手机拍摄 2~3 张照片，记录存在的问题，提出可行的改进建议。

2. 模拟情境安全教学

设计一个适合托班幼儿的安全教育活动（如模拟过马路、遇到陌生人、玩具损坏等），采用故事、游戏、表演等方式进行情境演绎，观察幼儿的参与反应和理解程度，并完成一次简要的教学反思。

3. 家长安全沟通实践

在接送环节选取 2~3 位家长进行简短交流，反馈幼儿在园安全行为表现，分享一条在家可操作的安全建议，记录家长的回应，并思考如何进一步加强家园协同，共同守护托班幼儿的安全成长。

托班安全防护资源推荐

［1］陈敏．0—3 岁婴幼儿护理与急救［M］．上海：华东师范大学出版社，2018.

［2］闵捷．婴幼儿安全照护［M］．北京：高等教育出版社，2022.

［3］白国芬，崔晔，赵福葵，等．幼儿园安全教育与管理［M］．北京：清华大学出版社，2022.

［4］关宏岩，任晓旭．婴幼儿安全照护与伤害的预防和紧急处理［M］．上海：华东师范大学出版社，2022.

第五章

托班家园共育的知与为

第一节 托班家园共育知多少

一、托班家园共育的价值与意义

托班幼儿的健康成长，关系到千家万户的幸福，也是托班教师、幼儿家长以及全社会共同的期待。我国著名幼儿教育家陈鹤琴先生说："幼稚教育是一件很复杂的事情，不是家庭一方面可以单独胜任的，也不是幼稚园一方面可以单独胜任的，必定要两方面共同合作方能得到充分的功效。"《幼儿园保育教育质量评估指南》指出："幼儿园与家长建立平等互信关系，教师及时与家长分享幼儿的成长和进步，了解幼儿在家庭中的表现，认真倾听家长的意见建议。"家长"尊重教师的专业性，积极参与并支持幼儿园的工作，成为幼儿园的合作伙伴"。因此，家园携手共育对托班幼儿的健康成长，有着十分重要的价值与意义。

托班幼儿在园生活质量是家庭、幼儿园、社区共同作用的结果。幼儿园与家庭相互依存、相互促进、关系和谐、形成教育合力，不仅能更好地促进托班幼儿身心健康和谐的发展，也是幼儿园托班幼儿教育质量提升的关键。2~3 岁是成长阶段，托班幼儿的个性特点在逐渐形成和发展中，家长的教育观念、教育方法以及家庭环境等因素，都会影响到托班幼儿的情感发展、社会交往和认知能力，并对托班幼儿的在园生活产生影响。家长对孩子的关爱不仅能满足托班幼儿的情感需要，还能激发托班幼儿活动的兴趣、主动性，让托班幼儿在一个充满爱和支持的环境中健康成长。托班教师也要了解托班幼儿在家庭中的表现与教养情况，以及家长对幼儿园、教师的期待，及时与家长交流、沟通、反馈托班幼儿在园的生活情况。幼儿园和家长一起肯定托班幼儿的进步，制定个性化的教养方案。以游戏为基本活动，立德树人，因材施教，帮助托班幼儿养成好品格、好习惯，增强托班幼儿的社会适应性。同时，尊重托班幼儿的个体差异，更好地促进托班幼儿身心健康、全面和谐、富有个性地发展。幼儿园借助多样化的家长资源，可以开展丰富多彩的特色教育活动。例如，邀请家长分享家庭教育理念、方法，参加托班亲子活动，既可以增进亲子关系，又可以提高家园共育的质量。

总之，托班教育作为终身发展的奠基阶段，关系到幼儿的健康成长，关系到国家人口素质的整体提升。创建高质量的家园共育体系，营造良好的家园关系与育人氛围，提高家庭和幼儿园的育人水平，是双方共同的责任与使命。

二、托班家园共育的基本原则

托班幼儿从父母、祖辈的呵护到离开家庭，进入幼儿园，可以说是跨出了人生极具挑战性的一步。刚离开父母的托班幼儿，年龄小，依恋心理强烈，情绪极不稳定。作为托班的教师，要为幼儿营造一个宽松、支持性的活动环境，从而减少幼儿的分离焦虑，引导幼儿积极参与活动，感受活动中的快乐。要做到有效、有序地完成从家庭到幼儿园的过渡，家长的参与非常关键。而面对来自各行各业、不同知识文化背景的家长，如何做到沟通理念、协同共育，形成教育合理，有以下几个建议供大家参考。

（一）沟通理念，达成共识

从家园共育角度出发，教师和家长“沟通理念、达成教育共识”至关重要。托班教师应积极与家长沟通，分享托班的教育理念，让家长了解幼儿在托班的学习和生活安排。通过各种形式向家长解释教育方法和目标，使家长明白早期教育对幼儿成长的重要性。教师可以展示幼儿在托班的点滴进步，如学会分享、独立进餐等，让家长切实感受到教育的成果；同时，倾听家长的意见和建议，共同探讨适合幼儿的教育方式。只有教师与家长不断沟通理念，才能在教育幼儿的道路上达成共识，为幼儿创造一个和谐、一致的教育环境，助力幼儿在托班中快乐成长，为他们的未来发展奠定坚实基础。

（二）预防为主，主动出击

面对“最柔软的群体”，托班教师无疑承担着艰巨的重任。托班幼儿年龄小，自我保护能力弱，教师需时刻保持警惕，主动观察幼儿的行为习惯、情绪变化等，及时发现潜在的问题，即时与家长沟通，以预防各类安全问题的发生，也避免由沟通不畅或者被动导致的舆情危机。例如，若幼儿出现挑食现象，教师要主动与家长沟通，了解幼儿在家的饮食情况，共同制订改善计划。在安全方面，教师要提前排查教室及活动区域的安全隐患，主动向家长宣传安全知识，提高家长的安全意识。同时，教师要主动与家长分享幼儿在托班的日常表现和成长点滴，让家长感受到教师的用心。通过主动出击，加强与家长的联系及合作，共同为幼儿营造一个安全、健康、快乐的成长环境，实现家园共育的最佳效果。

（三）聚焦儿童，沟通有度

在托班的家园沟通共育中，教师需要明确身份和职责定位，避免出现与家长“沟通不足”或者“沟通过度却无效”的现象。即教师在做家长工作时，幼儿是出发点也是落脚点，应始终将目光聚焦在幼儿身上，沟通时做到有的放矢，将幼儿的具体情况准确地传达给家长。同时，沟通要有度，既不能过于频繁让家长感到困扰，也不能过于简略让家长无法全面了解幼儿。以适度的沟通，让家长感受到教师对幼儿的关爱与重视，携手为幼儿的成长创造良好环境，助力幼儿健康快乐地发展。

（四）知己知彼，灵活应对

托班幼儿的年龄特点决定了他们在幼儿园的活动以生活、行为习惯的培养为主要目标。对于他们而言，吃、喝、拉、撒、睡这些小事都有大学问，它们对幼儿成长的意义，远远超过学一首儿歌、背几首唐诗。但在实践中，这些生活中的小事，往往在家园沟通的过程中被疏忽，面对不同的家庭群体，我们需要采取多样化且有针对性的共育方法，以确保每个幼儿都能得到最佳的支持和引导。我们将家长大致分为三类，并根据不同群体制订了对应的沟通共育计划。

对于工作繁忙的家长，时间是他们最大的挑战。为了与家长保持有效的沟通，教师充分利用微信、电话、分享科学育儿文章等方式，定期发送幼儿在园的照片和简短视频，让家长在工作间隙也能了解幼儿的情况；同时，安排简短但高效的电话沟通，重点交流幼儿的关键发展点和需要家长关注的问题。

对于年轻且乐于接受新事物的家长，他们更加关注幼儿在园的情绪、交往，新的育儿模式和理念。对于这类家长更容易沟通和实践，教师可以通过定期的家长会、每周在园生活分享视频、晚离园的“一句话”介绍、推荐一些优质的育儿 App，鼓励家长与幼儿一起学习和成长；同时，总结幼儿在园的学习、生活和社交表现，并提供一些在家可以进行的简单亲子活动建议，增强家长与幼儿之间的互动，也便于教师及时给予鼓励和指导。

在托班工作中，家园共育的对象除了父母，经常面对更多的是幼儿的祖父母。对于隔辈的祖辈家长，他们更关心幼儿在园的生活、饮食情况。在晚离园时，教师多说关于幼儿这方面的事情，更能引起祖辈家长的关注和共鸣，在沟通中先肯定祖辈家长对幼儿的爱护和付出，肯定他们在照顾幼儿生活方面的经验，再说家园需要配合的内容，之后对祖辈家长的配合表达感谢，这种方法在一定程度上提高了家园配合的水平和积极性，可以为祖辈家长提供一些简单易行的教育方法，如通过儿歌、故事等形式引导幼儿学习，让祖辈家长听起来舒心，做起来顺心。

总之，面对不同群体的家长，教师要采取灵活多样、因人而异的家园共育方法，充分调动家长的积极性，形成教育合力，共同为托班幼儿的健康成长保驾护航。只有家长的积极参与，才能让幼儿感受到家庭的温暖，将呵护延续到幼儿园。利用家长的有效参与，可以缩短家庭和幼儿园的距离，淡化家庭与幼儿园的差异，给幼儿更多的安全和支持，有助于幼儿顺利完成从家庭到幼儿园的过渡，促进其身心和谐发展。

第二节　托班家园共育何所为

家园沟通是家园共育的基础，家园在沟通中统一教育理念，达成教育共识，形成教育合力，共促幼儿成长。家园沟通共育强调家长和教育者之间的紧密合作，双方在沟通中应建立起相互信任和尊重的关系，共同关注幼儿的发展和需求。

一、托班家园共育的内容

幼儿入托阶段，幼儿园托班的家园共育工作最直接的就是回应家长关切的问题。然而，面对不同需求和关注点的家长，教师对于托班家园共育内容也需有自身的专业立场。《北京市幼儿园托班工作指南（试行）》提出：幼儿园托班纳入幼儿园整体工作进行管理，既体现共通性和衔接性，又体现独特性和阶段性。幼儿园开展托班工作要尊重托班幼儿的年龄特点和个体差异，制定科学适宜的保育照护工作方案，促进每个幼儿身体发育、肢体动作、自理能力、语言表达、认知能力、情绪情感与社会性等方面和谐发展。因此，托班教师在开展家园共育工作时，需要从幼儿阶段性的年龄特点出发，回应家长个性化的问题需求，借助家园沟通的过程与家长达成教育共识，形成教育合力。同时，教师要从专业角度，即幼儿的身体、动作、自理、语言、认知、情绪情感和社会性发展等角度给予家长育儿实践方法的支持，为幼儿的家庭照料者提供科学的家庭教育指导。

结合托班幼儿的入园适应情况和家长普遍关心的幼儿在园期间教师如何照护的问题，我们发现幼儿及家长的分离焦虑、入托适应、托幼衔接等内容是托班教师家园沟通的重点，针对不同的内容和时间节点，我们认为，幼儿入托前一周的准备以及入托第一天、第一周、第一个月和第一学期是非常重要的家园沟通节点（见表 5-1）。

表 5-1　托班家园沟通内容及注意事项

时间	沟通目标	沟通内容重点事项	注意事项
前一周	快速了解幼儿的生活习惯、性格特点、家庭教养环境和家长对幼儿入托的期待与关注点	1. 幼儿身体状态及过敏史。 2. 搭建家园沟通联系的桥梁。 3. 告知家长幼儿入托前的物品准备和心理氛围营造	观察并快速记住幼儿的外貌、姓名，了解幼儿居家生活的习惯
第一天	向家长介绍幼儿在园的生活和情绪情感状态，让家长了解幼儿初到幼儿园的状态，并有效配合教师	1. 幼儿的进餐、饮水量、如厕大小便情况和哭闹情绪状态。 2. 当幼儿出现哭闹情绪时，教师如何进行引导，吸引幼儿注意力并转换情绪	注意倾听家长的关切点，如有的家长关注幼儿的饮水量，有的家长关注幼儿的哭闹，有效回应家长
第一周	向家长介绍幼儿入托一周的变化和进步，让幼儿在园的成长故事被家长听得见并获取支持	1. 幼儿在生活适应和情绪调节上的进步，如能主动去洗手，想要大小便能够主动告诉教师，伤心的时候能够在教师的陪伴下快速转换情绪等。 2. 幼儿与玩具、材料、同伴的互动情况，如最喜欢玩积木玩具、最喜欢跟王老师一起做游戏、最爱吃什么菜品等	及时向家长肯定和鼓励幼儿的生活适应情况，让家长感受到教师对幼儿的接纳、欣赏和用心看护
第一个月	运用家园联系册，向家长介绍幼儿在园的精彩时刻，让家长进一步了解幼儿园托班工作	1. 幼儿身体健康监测数据（身高、体重、龋齿等）。 2. 幼儿不同领域发展的情况。 3. 幼儿在园活动的照片。 4. 教师对幼儿生活照护和游戏观察的小结	教师在发放并回收家园联系册时，关注家长对幼儿园工作的反馈

续表

时间	沟通目标	沟通内容重点事项	注意事项
第一学期	总结幼儿在园一学期的发展和成长，让家长感受到托班照护工作的成绩和效果	1. 幼儿从学期初到学期末的变化，如能够自主进餐、尝试穿脱简单的衣物、身体动作得到全面的发展等。 2. 幼儿在师幼互动和同伴互动方面的变化，如能够与同伴和教师一起玩，喜欢和愿意来幼儿园等	将幼儿的照护工作与托班幼儿的年龄特点、发展目标结合起来，体现托班工作的专业性和科学性

托班教师的家园共育工作依据幼儿入托的不同阶段，有不同的侧重。入托初期结合幼儿的入园适应会更加侧重情绪情感和生活适应；适应期结束后会转入幼儿发展的各个方面；而幼儿即将结束托班升入小班时，会更加关注托幼衔接。

二、托班家园共育的实践

当前社会信息技术的支持，使家园沟通的方式方法也更多样。结合托班幼儿入园的不同时间节点和沟通内容，匹配适当的共育方法，能够保障托班家园共育的效果，形成教育合力。下面以常见的家园共育形式出发，用案例探讨托班家园共育的工作开展。

（一）托班入园前的家园共育

1. 社区早教

社区早教是在社区范围内进行幼儿教育的一种组织形式，具体实施方式包括在社区场所或者园所内，面向托班幼儿和家长开设早教班，提供早期教育服务，通过组织各种亲子活动和集体游戏，帮助幼儿在互动中学习和成长，同时为家长提供科学的育儿指导和支持。社区早教旨在为社区内的幼儿提供优质、科学的早期教育。通过社区和幼儿园的合作，可以充分利用社区资源，提高幼儿园教育质量，同时促进社区精神文明建设，为幼儿提供一个更好的成长环境。

2. 家访

家访是保教人员到幼儿家庭进行调查访问，进行个别家庭教育指导的一种常用的有效方式。通过家访，教师可以与家长和幼儿进行面对面的交流，深入了解幼儿的家庭环境、生活习惯、健康状况、兴趣爱好及早期教养经历等，这有助于教师更全面地理解幼儿的行为习惯和性格特点，向家长传达幼儿园的教育理念、教育方法，增进家园间的了解和信任，为后续的家园合作打下坚实基础。在开展家访工作时，教师应提前准备相关资料，并与家长预约合适的时间进行家访，确保双方都有充足的时间进行交流，过程中做好信息记录。

案例

家园初相遇，家访建桥梁

案例描述：

9月新生入托，林老师在家访前向班级所有家长发布家访通知和家访时间、家访方式计划表。班里有10名家长选择了教师入户家访，2名家长选择了线上视频电话家访，1名家长选择了带幼儿入园进班家访。于是，教师根据家长的意愿，采用了多种方式开展家访工作。

案例分析：

家访是拉近家园情感距离，了解幼儿居家教养情况的重要方式。面对不同工作生活情况的家长，教师很难用一种方法去开展对每一个幼儿的家访，因此要充分尊重理解家长的意愿和选择，聚焦重点目标，高效促成家访，搭建家园友谊的桥梁。

3. 入托前的问卷调查

问卷调查是快速搜集信息的一种便捷方式，入托前的问卷调查是针对婴幼儿家庭进行的一种信息收集活动，旨在了解家长对托育服务的需求、期望和看法。在幼儿正式入托之前，教师的问卷首先可以围绕幼儿的基本身体状态（既往病史、过敏史）、生活习惯、兴趣偏好和家长的入托期待进行设计，其次通过家长会或者微信群等多种渠道组织家长填写。通过问卷调查，教师可以快速掌握幼儿的信息，了解家长对托育服务的多样化需求，为后续优化和调整托育保教工作提供依据。

4. 家长沙龙

家长沙龙是教师聆听家长心声、沟通教育理念和实践的方式。托班教师可以结合班级工作的基本情况和需要家长理解、配合的事项，邀请家长走进托班，组织开展家长沙龙活动，倾听家长的心声，传递科学教育观念，增进家园了解。

案例

开学前家长沙龙答疑解惑

案例描述：

在开学准备工作中，幼儿园开办了“孩子上托班，您最关心什么？”的家长沙龙活动。在活动中，家长畅所欲言。有家长表示“最关心孩子自理能力不好，吃饭慢怎么办？”，也有家长表示“我家孩子比较内向，怕在幼儿园受欺负”，还有家长表示“我家孩子不喜欢睡午觉，在幼儿园睡不着要怎么办？”。在家长发表关心问题的时候，教师给予了耐心的解答，也向家长宣布后续会着手组织家长开放活动。

案例分析：

家长沙龙活动是教师聆听家长心声，了解家长关切问题的重要途径。在家长聚集共聊育儿话题的时候，经常是一个家长提出的问题，会有很多家长引发共鸣；或是一个家长提出的问题，别的家长刚好有非常好的策略和方法。这既是幼儿园了解家长心声的方法，也是家长之间群策群力，共同支招解困的平台。

5. 家长会

家长会是连接家庭与学校的重要桥梁。在家长会上，教师可以向家长介绍班级的教育理念和工作目标，让家长了解园所的环境、托班的照护工作内容和幼儿在托班的一日生活流程。家长也可以从教师那里学到更多关于孩子成长的知识，从而更好地配合学校教育，形成家校协同教育的良好氛围。对于托班而言，幼儿的年龄小，适应能力和自理能力较弱，托班的家长更加容易有焦虑情绪，入园前召开托班家长会显得尤为重要。

（二）托班入园后的家园共育

1. 亲子活动

在托班师幼互动过程中，赋予师幼关系以亲情是托班教师工作的重要特点，可见亲子关系对托班年龄段的幼儿是非常重要的。《幼儿园保育教育质量评估指南》明确指出：幼儿园与家庭建立平等互信关系，家长有机会体验幼儿园生活，并且参与幼儿园管理，通过家长会、家长开放日等多种途径，让家长成为幼儿园的合作伙伴。亲子活动是将家长纳入幼儿园的重要教育资源，增加教育的透明性，提升家园共育实效，增进家园情感的重要活动方式。常见的幼儿园亲子活动有园内的游园会、运动会，或者园外的亲子社会实践活动（春游、秋游等）。

2. 入托后家长会

如果入托前的家长会解答更多的是家长对园所环境、教育理念、一日生活流程方面的困惑，那么入托后的家长会则反馈的是幼儿入托后的适应情况、班级活动组织情况以及幼儿各方面的发展情况。家长会依据其目标、功能和家长的参与度，可以分为介绍型家长会、讲座型家长会、沙龙式家长会、参与型家长会和视听型家长会等几种类型，每种形式各有特色，教师可以根据不同的家长会内容选择不同的形式，并综合运用多种形式，实现相互补充、相得益彰的效果。

（1）介绍型家长会

介绍型家长会是向家长介绍班级工作和各种活动的家长会，如学期初、学期末家长会，幼儿园举行大型活动前的家长会。便于帮助家长清晰地了解幼儿园的工作常规以及家长需要配合的工作。

（2）讲座型家长会

讲座是普及托育基本知识和基本方法的常见形式。在讲座之前，要先了解家长的需求，或者教师根据自己的工作经验发现家长应掌握的内容。比如，高热惊厥的处理方法、幼儿的正面管教、幼儿的“小叛逆”等。主讲人可以是外请的专家，也可以是班级教师或者养育得法的家长。

（3）沙龙式家长会

通过沙龙家长会的形式，可以让教师与家长、家长与家长共同探讨幼儿的教育问题，分享育儿经验，家长可以更深入地了解幼儿的成长需求，学习与获得更多的育儿方法和技巧。同时，这种活动促进了教师与家长之间的沟通，增强了家园合作，为幼儿的成长提供了更好环境，也帮助家长解决了在教育过程中遇到的实际问题，最终达到家园共育的目的。

（4）参与型家长会

参与型家长会能为家长提供游戏操作、体验、思考和发言的契机，教师可考虑设计并组织这种类型的家长会。例如，针对部分家长在教育幼儿过程中出现的共性问题，如“家长”用消极、否定、严厉指责的语言批评“孩子”，教师可让家长感受“孩子”的心理状态，交换角色，最终由家长自由阐述自己交换角色后的心理感受，以此启发家长转变不科学教育态度。这种形式的家长会让家长站在幼儿的视角考虑问题并且以生动、让人思考为目的，提高了家长会的质量与效率。

（5）视听型家长会

教师可在家长会上提供幼儿大量在园生活、学习、游戏的照片、视频等资料，使家长看到幼儿在园中的行为表现，知晓幼儿在园的一日生活常规以及学习游戏状况，引导家长根据幼儿表现展开育儿话题的探讨。这种形式更加直观，氛围更加轻松。

3. 线上沟通 / 线下面谈

对于托班的家园共育工作，除了常规的家访、家长会，更多的是日常依据幼儿个体情况的即时沟通。根据沟通媒介，可以分为线上、线下两种方式。线上沟通的优点是灵活、快捷，不受时间和空间限制；其缺点是沟通的内容可能较为笼统、不够细致，尤其是对幼儿的观察不如面对面直接沟通。线下面谈是指教师与家长约定时间、场所进行的面对面沟通，其优点是能够直接获取幼儿的信息，与幼儿建立亲近感；其缺点是不够灵活、快捷。托班教师在开展家园沟通工作时，可以根据沟通内容决定采用哪种方式。例如，涉及沟通的内容比较多，线上的语音文字又很难描述事件全貌的，线下面谈就更合适；如果是通知信息类型的信息，不需即刻获得反馈的，线上沟通就更快捷。

4. 家长开放日

家长开放日是家长走进班级，近距离观察和体验幼儿在园生活与学习的最便捷的一种方式。对于托班幼儿来说，父母家人的陪伴是非常重要的，由家长进园陪同幼儿参加活动，能够最大化地鼓励幼儿融入和享受幼儿园的生活，使师幼关系、亲子关系和家园关系更加融洽，提升家园沟通的效果。

案例 ▶▶▶▶

和爸爸妈妈一起在幼儿园玩游戏

案例描述：

开学一个月后，小托班王老师组织了家长开放日活动，邀请家长和孩子一起走进班级玩游戏，近距离感受托班生活。游戏中，仪仪开心地拉着妈妈玩生活区的玩具，她拿着小勺舀起盘子里的食物喂给柜面上的小猴子，一边投喂一边说：“小猴子，你要好好吃饭不挑食哦！”旁边的妈妈看得非常惊讶，告诉王老师说：“仪仪入园一个月的变化特别大，之前没上托班的时候都必须让大人喂饭，现在回家也要自己吃饭了。”王老师听完后，也向仪仪妈妈和身边的家长分享了孩子在园里的成长与变化。

案例分析：

家长开放日中，家长能近距离观察与感受孩子在托班的生活、游戏和成长，更加直观地发现幼儿园玩教具以及教师照护工作的专业性，也更加容易跟教师分享自己育儿过程中的想法，能够让家园沟通更加深入有效。

5. 家园联系册

信息社会让沟通更加便利，但日常生活中的材料留存也非常重要。教师依据幼儿的在园生活和游戏状态，整理幼儿的成长档案，作为家园沟通共育的信息资料，也是托班家园共育的重要形式，能够帮助家长了解和感受幼儿园托班丰富的活动。通过查阅幼儿的家园联系册，家长和教师可以针对个别幼儿进行个性化的沟通与交流。通过线上宣传和家园联系册传递等方式，教师与家长就幼儿在园生活和发展状况进行充分交流，探讨进一步支持幼儿发展的个性化方案。

案例

家园联系册让沟通更加专业

案例描述：

春季学期4月初，王老师向本班家长发布了3月的家园联系册。家园联系册中，王老师结合幼儿的健康体检情况，以及大运动、精细动作、言语、认知和情绪社会行为等领域的发展情况做了观察评价，还呈现了幼儿过往一个月内在园的精彩时刻。王老师用简单的文字介绍了幼儿一个月的成长和进步，家长查阅后也在联系册中写下了家庭的育儿感受。

案例分析：

家园联系册是家园沟通的重要媒介，更是记录幼儿成长的档案和纪念册。教师每月通过梳理幼儿的在园生活，以家园联系册的形式向家长呈现幼儿的学习、成长和进步，能够让幼儿的发展可视化，体现了托班保育教育工作的科学性和有效性。

6. 日沟通、周反馈、月总结

托班幼儿处于自我意识与秩序敏感期，他们对周围世界满怀好奇，迫切需要稳定的成长环境以及正确的引导。因此，家园之间的积极有效沟通对此阶段入托幼儿的发展起着举足轻重的作用。有效的家园沟通能够为幼儿打造一个连贯一致的成长空间，确保他们在家庭与幼儿园之间实现顺畅无缝的过渡。教师通过与家长的交流，双方可以深入了解幼儿在家中和在幼儿园的具体表现与喜好，进而在育儿教育中提供更具个性化的引导方案。与此同时，家长能够从教师那里获取专业的育儿建议，从而更妥善地应对幼儿成长过程中出现的各类问题。多维度和有重点的沟通可以助力幼儿全面发展，表 5-2 主要从日沟通、周反馈、月总结几个层面进行阐述。

表 5-2　托班家园沟通中的日沟通、周反馈、月总结

时间频率	要点	共育内容
日沟通	入园沟通	早入园时，教师以热情、亲切的态度主动向幼儿和家长问好。教师会弯腰或下蹲拥抱幼儿，与幼儿进行简短而温馨的交流。此时可以借机与家长进行简洁高效的沟通，主要了解幼儿今日是否有特殊情况或需要额外关注的地方
	健康检查与关注	入园时，保健医会把好健康检查第一关，如果发现幼儿有特殊情况，如发现幼儿有咳嗽、发热、受伤等异常表现，要及时和家长进行沟通，了解详情，判断幼儿是否需要居家观察，同时可以介绍一些相应的护理知识或者复课要求
	离园沟通	离园时有针对性地选择部分家长进行一对一面谈或者电话沟通，主要进行当日反馈（幼儿的优点和进步），让家长感受到幼儿的成长和进步；对于不足之处，也尽量客观指出，让家长了解幼儿需要提升的地方，给予家长切实可行的改进建议，共同商讨个性教育计划。 入托初期，为了帮助家长了解幼儿在园情况，可设日沟通记录表（内容包括但不限于幼儿在园的生活情况、情绪状态、游戏状态等），教师可将幼儿一日状态进行简单的小结。同时，设家长留言板块，家长可以写下对教师的嘱托

续表

时间频率	要点	共育内容
周反馈	介绍本周活动	介绍本周托育教育重点，引导家长了解园所的教育目标和幼儿的活动内容，帮助家长了解园所的教育理念和教育内容，以进一步激发家长参与教育的积极性，促进家园合作
	幼儿发展一周小结	对幼儿一周情况进行总结。例如，在认知方面，有的幼儿可能在认识颜色、形状等方面取得了进步；在社交方面，有的幼儿学会了主动与小伙伴打招呼，一起玩耍。同时，会指出幼儿面临的挑战，教师与家长共同分析这些情况产生的原因，探讨解决方案。通过个性化沟通，满足家长需求，更好地促进幼儿的成长
	反馈与建议收集	通过沟通，教师积极收集家长的反馈和建议。不断调整保教内容、提高质量，为后续工作安排提供依据，为幼儿和家长提供更好的家园共育体验
月总结	幼儿发展评估	每月对幼儿进行一次发展评估。评估涵盖身体发育、语言能力、社交技能、认知水平等多个方面。以书面报告或面对面交流的方式与家长分享评估结果，让家长清楚地了解幼儿在各个方面的发展状况
	制订个性化发展计划	根据评估的结果，教师会与家长共同制订幼儿的个性化发展计划。个性化发展计划会明确具体的目标和实施步骤，家长和教师共同努力，为幼儿的成长提供有针对性的支持

托班家园沟通

（三）托班教师家园共育工作行事历

托班家园共育工作自幼儿入托前的准备开始，贯穿幼儿的整个托班阶段。为方便托班教师在各个阶段都能有目标、有准备、有方法地开展托班家园共育工作，我们将托班逐月的家园工作内容、形式和重点用行事历表格方式呈现，期望能为托班教师提供参考。托班教师家园共育工作行事历见表 5-3。

表 5-3　托班教师家园共育工作行事历

时间	内容	形式	重点
8 月	家园有约（家访）	入户、园内、线上（电话、微信、视频等）	1. 家长、幼儿认识教师。 2. 教师了解幼儿在家情况，搜集和捕捉幼儿的信息（教养方式、性格特点、生活习惯等）。 3. 收集家长在幼儿入园后关注、困惑和担忧的问题（做好记录和问题分类）。 4. 建立家园沟通联系，指导家长做好开学准备。 5. 建立特殊情况记录表（特殊病史、过敏、特殊家庭情况等），做到全体教师知晓，特别关注
	开学前家长会（园所、班级）	线下 / 线上	1. 介绍园所 / 班级 / 环境 / 安全 / 营养膳食、托班幼儿发展特点等。 2. 按照类别答疑解惑家长关心、困惑和担忧的问题，给予支招。 3. 告知入园适应的计划 / 方案（园所要说明基于幼儿哪些特点、因素制订的计划）。 4. 家长实地参观班级 / 园所环境（专人介绍）
9 月	入园适应	第一周亲子体验（2~3 小时）	1. 幼儿认识班级环境 / 认识同伴 / 初步建立师幼亲密关系 / 家长了解幼儿园作息安排（建议前两天可将幼儿分成上午、下午两组，第二日时两组顺序交换）。 2. 与家长建立沟通及互信关系
		第二周幼儿独立 3 小时入园（幼儿在园不午睡，家长 12:00 接）	1. 幼儿熟悉班级环境 / 认识同伴 / 建立师幼亲密关系 / 尝试并逐渐适应幼儿园半日生活。 2. 与家长建立沟通及互信关系
		第三周延长时间，幼儿独立半日入园	1. 幼儿继续熟悉班级环境 / 熟悉同伴 / 建立师幼亲密关系 / 适应幼儿园半日生活。 2. 与家长建立沟通及互信关系
		第四周幼儿独立全天入园	1. 幼儿适应集体生活。 2. 与家长建立沟通及互信关系
	满月活动	亲子线下活动 / 微型家长会	1. 教师创设班级环境，例如，气球、幼儿入园一个月的照片做成的视频，体现成长变化；满月小奖状等。 2. 全面向家长介绍幼儿 9 月入园情况，告知 10 月计划和重点提示

续表

时间	内容	形式	重点
10 月	再次入园适应	线上有约（返园前一天进行）	缓解国庆节长假后幼儿入园前焦虑
	亲子秋游/亲子趣味运动会	线下（园内或园外）	1. 在感受大自然 / 运动中增进师幼间、幼幼间、家园间的情感。 2. 愿意来幼儿园
	家长沙龙	线上 / 线下	1. 交流育儿经验，倾听家长的想法和建议。 2. 引导家长参与配合幼儿园各项活动，调动家长参与积极性
11 月	家长学校——秋冬季幼儿护理专题	线上 / 线下（园内保健医、社区医院或家长资源）	1. 针对季节特征，分享秋冬季护理小妙招（感冒发热、流鼻涕、咳嗽、手足口等）。 2. 使家长在交流过程中了解一些秋冬季常见的问题，更科学照护幼儿
12 月	亲子新年活动	线下	1. 调研并了解家长对新年活动的想法，有针对性地开展新年庆祝活动。 2. 结合活动，发挥家委会作用，征询家长对活动的认可，收集意见及建议
	学期末家长会——“我在长大”	线下	1. 利用简报、PPT、照片、视频等多种展示方式，引导家长关注本学期幼儿的成长、变化、收获等。 2. 使家长了解幼儿在集体生活中的状态，能清晰地知道园所在各方面对幼儿的悉心照护，感受到幼儿在园获得的快乐和发展
1—2 月	致家长的一封信	—	1. 提醒家长重视放假期间幼儿的居家安全、健康饮食、规律作息的重要性。 2. 从卫生保健角度提示家长在假期期间关注幼儿的健康饮食、生活规律，坚持科学喂养
	再次入园适应	线上有约（返园前一周开始）	1. 教师通过组织“云见面”“云做客”等活动，调整幼儿作息时间，缓解幼儿从长假时以个体为主的状态过渡到适应集体生活的状态。 2. 通过视频分享本学期投放的新玩具及玩法，激发幼儿来园意愿、缓解幼儿入园前焦虑

续表

时间	内容	形式	重点
3月	召开全园家长会	线上 / 线下	1. 介绍本学期幼儿的年龄特点及发展水平，本学期重点工作、即将开展的各项丰富多彩的活动，得到家长的理解与支持。 2. 沟通新学期容易发生的问题，家长提前做好心理准备
	家长开放半日活动	线下	1. 有效缓解家长入园焦虑等问题。 2. 使家长全方位了解园所、班级的工作，直观感受幼儿在集体生活中的状态
4月	亲子春游/亲子春季运动会	线下	1. 挖掘家长资源，征询家长志愿者，合理利用。 2. 组织家长沙龙讨论，共同携手，使家长清楚自己在活动中的角色和任务，更有效地在活动中做好参与者、协助者、支持者、引导者
5月	家长学校——祖辈沙龙会专场	线上 / 线下	1. 专门组织祖辈开展沙龙研讨活动，聊聊家长担心的话题，帮助家长分析，给予可操作的小妙招等解决措施，家园达成共识，做到防患于未然。 2. 慢慢转变家长科学育儿理念，保持家园同步开展教育
6月	我的“六一”我做主	线下	1. 开展家长调研，了解、征集家长对“六一”活动的需求和建议，开展多种形式的欢庆活动。 2. 让家长看到幼儿在园的成长，感受到幼儿的发展变化
7月	升入小班“按时长大——小班，我来了！”	线下	1. 家长与教师共同筹备提前录制对幼儿升班的寄语、祝贺视频。 2. 教师创设班级环境，例如，气球、幼儿刚入园时的照片与现在活动的照片对比做成的视频，体现成长变化。 3. 家长与教师共同发放升班证书和礼物，使幼儿在活动中感受自己长大了，期待升入小班生活。 4. 幼儿、教师、家长共同拍摄集体升班纪念照片。 5. 陪同幼儿做音乐游戏《小火车开了》。 6. 在小班哥哥、姐姐的邀请和陪同下，家长和幼儿参观小班教室，认识和熟悉小班班级环境。 7. 小班教师与家长建立沟通和联系

第三节 托班家园共育特别提示

一、托班家园共育小妙招

在托班教育中，家园共育是促进幼儿健康成长、全面发展的关键环节。为了确保家园共育的有效性和质量，我们提出“爱、尊重、支持、回应”四个小妙招，旨在构建和谐的家园关系，共同为幼儿的成长创造良好环境。

（一）爱：用一颗爱心，关爱每个幼儿

在托班教育中，“爱”是基础和前提，爱不仅体现在教师对幼儿的关爱上，也体现在家长对幼儿的呵护上，更体现在家园双方对幼儿共同成长的深切期望上。

教师的爱：教师应以母爱般的情怀关注每个幼儿，了解他们的需求，尊重他们的个性，用温暖的话语和亲切的态度与他们交流，让他们感受到家的温暖。

家长的爱：家长应积极参与幼儿的教育过程，与幼儿建立亲密的亲子关系，通过陪伴、鼓励、引导等方式，幼儿可以感受到家庭的温暖和支持。教师要以真诚的态度与家长沟通，获得家长的理解、支持和配合。

家园共同的爱：家园双方应携手合作，共同关注幼儿的成长，为他们提供安全、健康、快乐的成长环境，让他们在爱的氛围中茁壮成长。

（二）尊重：给予每个幼儿平等对待，尊重他们的人格与权利，对待家长同样如此

尊重是共育的前提。尊重意味着理解、接纳和包容，是建立良好家园关系的基础。

尊重幼儿：每个幼儿都是独特的个体，具有不同的兴趣、特长和需求。家园共育要尊重幼儿的个体差异，为幼儿提供个性化的教育和关怀，相信每个幼儿都是积极主动、有能力的学习者。

尊重家长：家长具有不同的教育背景和教育观念，家园共育要尊重家长的意见和看法，了解他们的需求和期望，与家长平等沟通，共同协作。

（三）支持：携手并进，成为真正的合作者

支持是家园共育的动力。支持意味着提供资源、帮助和鼓励，是家园共育得以顺利进行的重要保障。

家园相互支持：家园双方应建立一种相互支持、相互理解的良好关系，共同为幼儿成长提供必要的资源和帮助。教师可以为家长提供育儿知识和方法，家长可以为教师提供幼儿在家的情况和反馈。

支持幼儿发展：家园双方应根据幼儿的发展需求，共同制订教育计划，提供适宜的教育资源和环境，促进幼儿全面发展。

支持教师专业成长：家长应支持教师的专业成长，为教师提供学习和发展的机会，共同提升教育质量。

（四）回应：回应不仅是一种行为，更是一种态度

回应是家园共育的桥梁。回应意味着及时、准确和有效的沟通，是家园双方建立信任和理解的关键。

及时回应：家园双方应及时回应对方的需求和关切，保持沟通的畅通和高效。教师可以通过家访、家长会等方式与家长保持联系，家长也可以通过电话、微信等方式与教师沟通。

准确回应：家园双方应准确理解对方的需求和意图，避免误解和误判。教师可以通过观察、记录和分析幼儿的行为表现，为家长提供准确的反馈和建议。

有效回应：家园双方应共同制定解决方案，针对幼儿的问题和需求采取有效的措施与方法。教师可以通过个别指导、集体教学等方式帮助

幼儿解决问题，家长可以通过陪伴、引导等方式支持幼儿成长。

综上所述，“爱、尊重、支持、回应”是托班家园共育的四个小妙招，它们相互关联、相互促进，共同构成了家园共育的完整体系。只有在家园双方的共同努力下，才能为幼儿的健康成长和全面发展创造更加美好的明天。

二、教师在与家长沟通时需注意

在幼儿园托班的家园共育中，有效沟通是促进幼儿健康成长的关键桥梁。然而，在实际工作中，教师在与家长沟通时需注意以下事项，这些行为可能会阻碍家园共育的顺利进行。

（一）忽视家长的主动沟通

当家长主动联系教师，询问幼儿在托班的情况时，教师不能敷衍对待或拖延回复。比如，家长发信息询问“我们家孩子最近怎么样”时，教师却因为忙碌而迟迟不回复，或者只是简单地回复“还好”“挺好的”，这一轻描淡写、一语带过的反馈并不能满足家长想要了解幼儿在园具体表现的愿望，反而会让家长感到被忽视，家长会认为教师对自己孩子是不关注的，久而久之也会降低家长对教师的信任度。

（二）只报喜不报忧

在与家长沟通时，教师不能只强调幼儿的优点和进步，对幼儿存在的问题却避而不谈。例如，幼儿在托班有攻击性行为，但教师为了避免家长的不满，没有及时告知家长，这可能会导致问题越来越严重。教师应该客观地向家长反馈幼儿的表现，共同探讨解决问题的方法。

（三）采用单一的沟通方式

教师不能仅通过微信、短信等方式与家长沟通，而忽略了面对面交流的重要性。不同的家长有不同的沟通需求，有些家长可能更希望与教师进行面对面的交谈，以便更深入地了解幼儿的情况。教师应根据家长的需求，灵活选择沟通方式，确保信息的准确传达。

（四）缺乏耐心和理解

当家长对托班的教育教学提出疑问或建议时，教师不能不耐烦地回应或直接否定家长的意见。比如，家长对托班的课程设置有疑问，教师没有耐心地解释，而是简单地说“这是幼儿园的规定”，这会让家长感到不被尊重，影响家园合作的积极性。

（五）过度强调自己的权威

教师不能以教育专家的姿态自居，强行要求家长按照自己的方式教育幼儿，其结果导致家长害怕和教师沟通、躲着教师，沟通效果甚微。家园共育是一个合作的过程，教师应该尊重家长的教育观念和方法，与家长共同探讨适合幼儿的教育方式。

三、教师在与家长共处时需注意

教师在和家长友好、热情交往的过程中，需保持适度的物理空间距离、心理距离和社交距离。谈话围绕幼儿教育事宜进行，防止距离太近造成误解，影响工作开展。

（一）距离越位

1. 物理空间距离

在日常接送幼儿、与家长简短交流时，教师同样要注意空间距离。比如，在门口迎接幼儿入园时，教师与家长交谈应保持 1~1.5 米的距离，这个距离既能让双方感受到亲切友好，又能避免因距离过近而产生身体接触的尴尬，同时给其他家长和幼儿留出足够的通行空间。在与家长讨论幼儿问题时，教师可以适当靠近一些，但也不宜小于 0.5 米，以确保交流的私密性和专注性。

2. 心理距离

教师要避免与家长在心理上过于亲近或疏远，要始终保持客观专业的态度。在面对家长的情感表达时，无论是过度热情还是冷漠，教师都不能被其左右。例如，当家长对教师的工作表示过度赞赏时，教师不能因此而沾沾自喜，放松对教育工作的要求；相反，当家长对教师的工作提出批评或不满时，教师也不应产生抵触情绪，而要冷静分析家长的意见，从专业角度思考是否存在教育教学上的问题需要改进。

在班级管理中，教师要对所有幼儿一视同仁，不能因与某些家长心理距离过近而偏袒个别幼儿。比如，不能因为某个幼儿的家长与自己关系较好就给予特殊待遇。教师应该根据幼儿的自身表现和发展需求进行合理安排，确保每个幼儿都能在公平公正的环境中成长。

3. 社交距离

在幼儿园组织的亲子活动、家长志愿者活动等社交场合中，教师要适度参与，把握好与家长之间的社交距离。例如，在亲子运动会上，教师的主要职责是组织活动和引导幼儿参与，而不是过度融入家长群体，参与家长之间的闲聊或竞争活动。教师可以在活动间隙与家长进行简短的交流，鼓励家长和幼儿积极参与，但不宜长时间与个别家长待在一起，以免给其他家长造成厚此薄彼的误解。

教师应避免与家长建立过于私人化的社交关系。除了必要的与教育相关的沟通和互动，教师不应接受家长的私人宴请，也不应在非工作时间频繁与家长聊天，尤其是涉及与幼儿教育无关的私人话题。这样可以避免因私人社交关系的越界而影响教师在家长心目中的专业形象，以及可能对教育工作产生的干扰。

（二）话题越位

教师在与家长接触过程中谈论的话题应是围绕幼儿，除了幼儿教育的内容，其他内容都应该视为越位话题。教师在与家长交流时，应避免询问或涉及与家庭经济状况相关的话题。家庭经济情况是比较私密的信息，与幼儿的教育并无直接关联。对于家庭内部关系，如夫妻关系、婆媳关系等，教师也应避免介入。这些关系属于家庭隐私范畴，教师过多地了解和讨论这些话题可能会引发家长的反感与不安。例如，教师不应询问家长家庭成员之间是否有矛盾等问题，也不应在交流中对家庭关系发表自己的看法或建议；除非家庭内部关系对幼儿的教育产生了明显影响，如家庭争吵频繁影响幼儿的情绪和心理健康，这样教师才可以在适当的情况下，以关心幼儿教育为出发点，引导家长关注家庭环境对幼儿的影响，并建议家长采取措施改善家庭关系。

在教师与家长的交流中，应严格避免涉及政治话题与宗教话题。政治话题与宗教话题往往具有较强的敏感性和争议性，容易引发不必要的争论和分歧，不利于教师与家长之间良好关系的建立和维护。如果家长主动提及与此相关的话题，教师则应以礼貌的方式转移话题，将交流重点引导回幼儿教育问题上。

（三）权限越位

教师要保持一定的职业敏感性，不接受家长在生活上的帮助，在与家长沟通时把握好话语上的内容及态度分寸。比如，不跟家长说太多关于个人生活的细节，不给家长留相处过于密切的机会，当家长提出给自己生活上的帮助时应婉言谢绝，避免带来误解与麻烦。

在幼儿园托班的家园共育中，教师要时刻注意避免“不为”行为，以积极、主动、耐心、理解的态度与家长进行沟通，共同为幼儿的成长创造良好环境。

实践任务

1. 回应性家园共育（关注并回应家长和幼儿的感受）

在幼儿来园前的家访环节，教师询问家长对幼儿入园有哪些担心或关注的问题。

在幼儿入园前，教师通过入户家访或线上视频见面的方式，跟幼儿建立初步联结。

在幼儿入园后，教师坚持每日、每周、每月与家长沟通，针对家长关注的问题及幼儿在园的一日生活与家长沟通，引导家长正确认识并积极配合、参与幼儿园的各项活动。

2. 家园共育活动内容设计与实施

召开家长会，结合幼儿入园的常见问题、入园后的一日生活以及班级活动向家长做介绍。

根据入园的不同阶段，设计和开展亲子活动，如入园前的亲子体验、入园后的亲子活动等。

定期整理幼儿在园的活动资料，如照片、视频、作品等，汇集成幼儿成长档案，每月供家长查阅并形成反馈。

3. 家园共育工作梳理与总结

在学期工作中，关注家长的及时反馈，形成关于本班家园沟通和亲子活动的工作日志。

以学期或者学年为单位，结合班级家园共育工作的实践和思考，形成家园工作总结。

拖班家园共育资源推荐

［1］芦德芹，王艳云，安平．预防为主的幼儿园家长工作［M］．北京：中国农业出版社，2017.

［2］莫源秋．幼儿园家长工作技能与艺术［M］．北京：中国轻工业出版社，2015.

［3］汪秋萍，陈琪．家园沟通实用技巧［M］．上海：华东师范大学出版社，2013.

第六章

托班卫生健康的知与为

第一节　托班卫生健康知多少

一、托班卫生健康的价值与意义

2021 年，国务院颁布了《中国儿童发展纲要（2021—2030 年）》，明确表明国家对幼儿教育事业的高度重视以及对幼儿全面发展与身心健康的深切关注，提出要增强幼儿体质，提升心理健康水平，促进儿童健康成长。2019 年，《国务院办公厅关于促进 3 岁以下婴幼儿照护服务发展的指导意见》中要求加强幼儿照护服务机构的卫生保健工作。认真贯彻保育为主、保教结合的工作方针，为幼儿创造良好的生活环境，预防控制传染病，降低常见病的发病率，保障幼儿的身心健康。《3 岁以下婴幼儿健康养育照护指南（试行）》进一步指出：“婴幼儿时期是儿童生长发育的关键时期，这一时期大脑和身体快速发育。为婴幼儿提供良好的养育照护和健康管理，有助于儿童在生理、心理和社会能力等方面得到全面发展，为儿童未来的健康成长奠定基础。”这一重要论述深刻揭示了婴幼儿早期健康养育照护的战略意义。

（一）托班卫生健康管理是幼儿身体健康发展的重要保障

婴幼儿时期是儿童生长发育的重要阶段，大脑和身体在此期间迅速成长。为婴幼儿提供科学的养育照护与健康管理，不仅有助于其在生理、心理及社会适应能力等方面的协调发展，也为今后的健康成长打下坚实基础。同时，良好的早期干预有助于降低成年后患心脑血管疾病、糖尿病、抑郁症等慢性疾病的风险。

（二）托班卫生健康管理有助于幼儿良好生活习惯的养成

习惯的养成始于幼年，而托班是培养幼儿良好生活习惯的第一站。在日常生活中，通过规律作息、营养均衡、个人清洁、安全防护等多方面的教育引导，托班可以帮助幼儿逐步建立起自主洗手、正确刷牙、按时进餐、规律睡眠等基本生活习惯。这些看似微小的行为习惯，实则是幼儿终身健康的基石。

（三）托班卫生健康管理对幼儿心理发展具有奠基作用

幼儿的心理健康同样不容忽视。稳定的照护关系、温暖的成长环境、积极的情绪互动，是幼儿安全感和依恋关系建立的基础。托班通过耐心包容、个别化陪伴、情绪引导等方式，帮助幼儿缓解分离焦虑、适应集体生活，促进其情绪调节能力和社会交往能力的发展。一个充满爱与理解的托育环境，将为幼儿的心理健康打下坚实的情感基础。

（四）托班卫生健康管理是构建全民健康体系的重要起点

从个体成长到社会发展，幼儿时期的健康状况直接影响其未来的学业表现、职业选择及生活质量。研究表明，早期良好的健康投资能够显著降低成年后慢性疾病的发生率，提高劳动生产率，从而为社会经济发展带来长远效益。因此，加强托班卫生健康管理不仅是对每个家庭负责，更是对未来社会整体健康水平的高度负责。

（五）托班卫生健康管理助力家庭教育与社会共育的有效衔接

随着双职工家庭数量的增加，越来越多的家庭需要依靠专业的托育机构承担部分育儿责任。托班作为家庭之外最重要的照护场所，其卫生健康管理水平直接影响家长对托育服务的信任度和满意度。通过专业、规范、透明的健康管理措施，托班不仅能减轻家庭育儿压力，还能成为家庭教育的有力补充，推动家校社协同育人机制的落地实施。

综上所述，托班卫生健康管理是以 3 岁以下幼儿为对象，围绕身体健康、疾病预防、心理支持、行为养成等多个维度开展的综合性、系统性工作。它不仅是幼儿当下健康成长的基本保障，更是为个体终身发展和社会可持续发展奠定基础的关键环节。面对新时代人民群众对高质量托育服务的迫切需求，必须进一步强化政策支持、完善制度保障、提升服务能力，切实推动托班卫生健康管理工作科学化、规范化、人性化发展，为我国婴幼儿健康成长保驾护航。

二、托班卫生健康的原则

托幼机构作为幼儿早期成长的重要场域，应为幼儿创设安全、健康、温馨的环境，保障幼儿身心健康发展。根据国家相关政策文件精神和幼儿身心发展的基本规则，托班卫生应坚持以下几点原则。

（一）安全第一，生命至上

托班应始终把幼儿的生命安全和身体健康放在首位。从设施设备的安全检查、饮食饮水的安全管理到户外活动的安全防护，每一环节都必须严格把控，杜绝安全隐患。同时，要强化教职工的安全意识和应急处置能力，定期组织安全演练，提升其应对突发事件的能力，切实筑牢婴幼儿健康成长的安全防线。

（二）保育为主，保教结合

托班卫生健康工作应坚持保育和教育紧密结合的原则，保中有教，教中重保，自然渗透，教养合一。托班在日常工作中既要重视婴幼儿身体健康的维护，也要关注其认知、情感、社会性等多方面的发展，将保育与教育有机融合，形成协同育人机制，提升整体照护质量。

（三）预防为主，防治结合

婴幼儿免疫系统尚未发育完善，易受疾病侵袭。因此，托班卫生健康管理必须坚持“预防为主”的原则，建立健全疾病防控体系，加强日常卫生管理、健康监测和环境消毒，做到早发现、早报告、早干预。同时，配合专业医疗机构开展常见病、传染病的筛查与治疗，实现防与治的有机结合。

（四）科学规范，制度保障

托班卫生健康工作必须建立在科学管理和制度保障的基础上。托班应依据国家相关法规标准（如《托儿所幼儿园卫生保健管理办法》《3岁以下婴幼儿健康养育照护指南（试行）》等），制定完善的卫生保健制度、疾病防控流程、应急处理机制等，并严格执行，确保各项工作有章可循、有据可依、有序推进。

（五）家园协同，共育共享

家庭是幼儿成长的第一环境，家长是幼儿最亲密的照护者。托班应主动搭建与家庭之间的沟通桥梁，建立常态化、多元化的家园互动机制，及时反馈幼儿健康信息，指导家长掌握科学育儿知识，推动家庭与机构在健康管理方面的协同合作，共同守护婴幼儿健康成长。

以上五大原则构成了托班卫生健康工作的基本理念框架，是指导托班科学实施健康照护、疾病防控和心理支持的根本遵循。只有始终坚持这些原则，才能真正实现“以幼儿为中心”的高质量托育服务目标，为每一名幼儿的健康成长保驾护航。

三、托班卫生健康的要点

托班作为幼儿成长的初始照护场所，卫生健康管理需以幼儿生理特点和发展需求为核心，构建“预防为主、保教结合、家园协同”的照护体系，包括生理健康管理、心理健康支持、家校协同育人等方面，为幼儿健康成长筑牢根基。因此，作为人生教育的起点站，卫生健康教育工作须防患于未然，以托班幼儿的身体状态和实际需求为出发点，采用科学、全面、有效的方式和方法进行健康教育，为幼儿的健康成长奠定坚实基础，主要体现在以下几个方面。

（一）心理健康支持

健康是指一个人在身体、心理和社会适应等方面都处于良好的状态。而心理健康是一种持续、积极的心理状态，个体在这种状态下能很好地适应环境、发展自我、充分体现生命的活力，最大限度地发挥自己的才能。

发育良好的身体、愉快的情绪、强健的体质、协调的动作、良好的生活习惯和基本生活能力是幼儿身心健康的重要标志，也是其他领域学习与发展的基础。托班在日常保育教育中高度重视幼儿的心理健康支持，通过营造温暖、包容、有回应的环境，帮助幼儿培养良好的情绪调节能力和人际交往能力。

1. 心理健康的目标

总体而言，学前儿童心理卫生的核心目标在于促进其心理健康，预防各类心理问题和疾病的发生。具体来说，托班教师应综合运用心理学、教育学、社会学及医学等多学科理论与方法，帮助幼儿形成积极的情绪体验、健全的人格特质以及良好的环境适应与改造能力，为其成年后的心理健康打下坚实基础。同时，对幼儿可能出现的心理行为问题要做到早识别、早干预。此外，托班教师应充分挖掘和利用积极因素，减少或消除不利影响，为幼儿营造有利于身心发展的成长环境，最大限度地预防和降低行为问题、心理障碍及疾病的发生风险。

2. 心理健康的支持要点

（1）营造温馨有爱的心理环境

除了个别支持，班级整体环境的创设也应注重心理安全与情感滋养：在教室中设立“情绪角”或“安静小屋”，配备毛绒玩具、绘本等安抚物品，为情绪波动的幼儿提供独处、冷静的空间。这不仅提供了情绪调节的机会，还帮助幼儿学会自我安慰。教师可以每天播放柔和的背景音乐，并讲述温暖、富有情感的故事，营造放松的氛围，帮助幼儿缓解紧张情绪。教师应选择适合幼儿年龄的故事书，通过讲故事的方式传递正面情绪。

（2）营造照护者间的和谐关系

托幼机构的教育特殊性决定了照护工作不是由一个人完成的，照护者之间和谐相处可以为幼儿树立良好的榜样，照护者稳定的情绪和完整的人格可以直接影响婴幼儿的心理发展，因此，照护者之间应互相配合，共同为幼儿创造充满爱、尊重、关心与支持的和谐的教养环境，为幼儿探索世界提供充足的安全感。避免突然改变作息安排或频繁更换照护人员，保持环境的一致性和可预测性，有助于幼儿建立安全感。

（3）营造良好的照护关系

良好的照护关系有助于帮助托班幼儿更好地适应生存环境。托班教师要充分尊重幼儿的发展节奏，允许幼儿按照自己的节奏逐步融入集体生活，不过度催促或强行要求参与活动；托班教师要以温和的态度陪伴幼儿，用眼神、微笑、轻声的语言传达接纳与理解；当幼儿表现出积极尝试或情绪缓和时，托班教师要及时给予肯定和鼓励，增强幼儿的自信心和归属感。

通过以上多层次的心理健康支持措施，不仅能帮助幼儿平稳度过适应期，更有助于促进幼儿的心理健康。在具体实施过程中，要始终贯彻和落实“儿童为本”的基本理念，同时注重措施之间的彼此融合与呼应。

（二）身体健康支持

1. 日常卫生护理

（1）身体清洁

保持幼儿的身体清洁是预防疾病的重要措施之一。托班教师应指导并帮助幼儿掌握正确的洗手方法，包括使用洗手液冲洗至少 20 秒，并确保洗净手指间和指甲下的污垢。此外，教师还应教导幼儿如何正确擦嘴、漱口，尤其是在进餐后和睡前，以减少口腔细菌的滋生。定期修剪指甲也是日常卫生护理的重要组成部分，因为长指甲容易藏污纳垢，成为病菌的温床。

（2）如厕护理

对于低龄幼儿来说，如厕后的清洁工作尤为重要。托班教师需要协助幼儿在如厕后进行彻底的清洁，特别是女童应从前向后擦拭，以避免尿路感染的风险。同时，及时更换尿不湿或衣物是防止尿布疹和其他皮肤问题的关键。教师应密切关注每个幼儿的如厕情况，确保他们在需要时能够得到及时的帮助。如果发现有幼儿出现红臀或其他皮肤问题，教师应及时采取措施，如涂抹防护膏，并通知家长注意观察和处理。

（3）睡眠管理

充足的睡眠对幼儿的身体发育至关重要。托班应为每名幼儿提供专用的床铺和寝具，保证其舒适性和卫生条件。每天，教师应对床铺进行清洁消毒，确保床上用品干净整洁。午睡时间通常设定为 2.5 小时左右，这不仅有助于幼儿恢复体力，还能促进大脑发育。为了创造一个安静、舒适的睡眠环境，教师可以播放轻柔的背景音乐或讲一些简短的故事帮助托班幼儿放松心情。此外，教师还需密切观察幼儿的睡眠状态，确保休息充分。

2. 疾病预防与控制

（1）晨检与健康检测

每日入园时的晨检是托班健康管理的第一道防线，作为日常照护幼儿的第一责任人，托班教师要及时发现幼儿的健康状况，为疾病预防和健康管理提供有力支持。

体温初步筛查：教师应在幼儿入园时协助完成体温测量，并观察幼儿的整体状态。若发现幼儿体温偏高（一般超过 37.5 摄氏度），应及时告知家长，并建议尽快带幼儿就医检查，同时记录相关情况。

观察外在体征：托班教师可通过细致观察判断幼儿是否存在身体异常，观察手部、四肢或身体其他部位是否有皮疹、红斑等异常现象，警惕如手足口病、水痘等常见传染病；注意幼儿是否表现出烦躁、疲倦、不爱玩、哭闹、眼神呆滞、反应迟钝。

关注行为与情绪：教师应结合幼儿入园时的情绪反应和行为表现进行综合判断，是否比平时更易疲劳、嗜睡，是否拒绝进食或频繁呕吐，是否表现出明显的不适或疼痛。一旦发现异常，教师应及时反馈给园所卫生保健人员，并配合做好后续处理。

做好健康观察记录：教师应对每名幼儿的晨检情况进行简要记录，包括体温大致范围、精神状态、有无明显不适等信息。对当日出现异常的幼儿，教师应重点标注并持续跟踪其身体状况变化，必要时协助实施临时隔离措施。

做好家园沟通：如发现幼儿存在健康疑点，教师应及时与家长沟通，了解幼儿在家中的身体状况，提醒家长关注可能的疾病风险。对于已确诊或疑似患病的幼儿，教师应协助安排离园，并向家长说明返园前需提供的健康证明要求。

加强班级环境管理：在晨检中发现疑似传染病症状的幼儿后，教师应在保健人员指导下，对所在活动区域进行初步清洁和通风，并协助开展消毒工作，降低交叉感染的风险。

（2）传染病防控

为了确保托班在一个安全健康的环境中学习和生活，托班教师在面对流感、手足口病等常见传染病时，应采取一系列严格的防控措施。

首先，隔离疑似病例。教师应在日常观察中敏锐识别出有发热、咳嗽、皮疹等症状的幼儿，并立即将其与其他幼儿隔离开来，避免交叉感染；同时，迅速通知家长接回幼儿进行进一步检查和治疗。

其次，加强环境消毒。教师应积极参与活动室、睡眠室、卫生间及公共区域的日常清洁工作，特别是高频接触物品表面（如门把手、水龙头、玩具、桌椅等）。可以使用含氯消毒剂或紫外线灯进行消毒处理，确保彻底杀灭病菌。

再次，定时加强沟通。教师应利用微信群、电子邮件或其他数字工具，定期向家长发送健康提示和注意事项，鼓励家长每日报告孩子的体温和健康状况，以便及时掌握情况并做出相应调整。

最后，实施健康教育。教师应将健康教育融入日常教学活动，通过讲故事、做游戏、示范操作等方式，引导幼儿勤洗手、正确佩戴口罩、咳嗽礼仪等基本卫生知识，增强他们的自我防护意识。

3. 饮食与安全

（1）餐具严格消毒，分餐时使用手套、口罩

饮食安全是托班健康管理的重要环节，必须严格执行各项卫生标准，确保托班幼儿在用餐过程中的健康与安全。

餐具消毒：所有餐具在每次使用前后都应经过严格的清洗和高温消毒处理，防止细菌滋生。保育教师要使用专门工具拿取幼儿使用的餐具，并使用盖布等做好与外界空气的隔离。

班级午餐分餐

分餐规范：分餐时，保育教师需佩戴一次性手套和口罩，避免直接接触食物，减少交叉感染的风险。此外，教师还应注意观察幼儿的进食习惯，鼓励他们细嚼慢咽，培养良好的饮食习惯。

（2）做好饮水管理，保证幼儿定时饮水

幼儿自主饮水

充足的水分摄入对幼儿的身体健康至关重要，托班应建立完善的饮水管理制度，确保幼儿每天都能喝到干净、安全的饮用水。

2~3 岁幼儿需少量多次饮水，每日总量约 600~800 毫升；幼儿口渴感知弱，需教师提醒；托班幼儿的手部抓握能力处于发展期，建议不再使用婴儿吸管水壶，用敞口杯喝水更好。

幼儿园应为托班幼儿提供专门的水杯，每日进行彻底清洗和消毒，避免共用杯子带来的交叉感染风险。水杯应放置在方便取用的位置，便于托班幼儿随时饮用。

4. 安全防护

（1）做好班级日常安全排查

托班教师是幼儿日常安全的第一道防线。在活动安全方面，教师应每日检查班级内教具、玩具和设施，确保无破损、无尖角、无小零件，防止划伤或误吞。教师应合理安排教室布局，保持通道畅通，避免拥挤碰撞，并通过游戏引导幼儿掌握基本安全常识，如不推不挤、正确使用物品等。

（2）掌握基本意外伤害处理方法

在意外伤害处理方面，教师应熟悉班级急救箱位置，掌握基本的应急处理技能，如止血、消毒、冰敷等。发生意外时，教师能迅速判断并采取措施，同时第一时间联系保健医或送医，并及时与家长沟通。

此外，教师还需关注受伤幼儿的情绪变化，给予心理安抚，帮助幼儿缓解紧张和恐惧。通过日常引导和情境模拟，提升幼儿自我保护意识和能力，营造安全、温馨的成长环境。

（3）按时开展班级安全教育

通过日常教学活动，教师可以帮助托班幼儿了解和掌握基本的安全知识与自我保护技能。例如，如何正确使用剪刀、如何避免危险动作等。教师还可以通过角色扮演等方式，模拟一些常见的情境（如过马路、遇到陌生人），帮助幼儿提高应对突发情况的能力。

5. 身体锻炼

身体锻炼对托班幼儿的成长和发展至关重要。通过科学合理的锻炼计划，可以增强幼儿的体质、提高免疫力，并促进其精细动作和大肌肉群的发展。以下是详细的锻炼内容和具体措施。

（1）保障运动时间：每日安排至少 2 小时户外运动

幼儿户外锻炼

每天安排至少 2 小时的户外活动时间，确保幼儿有足够的机会进行跑跳、攀爬、投掷等多样化的运动。

除了常规的体育活动，还可以安排一些与自然相关的活动，如观察植物生长、寻找昆虫、捡拾落叶等。这些活动不仅能让幼儿亲近大自然，还能激发他们的好奇心和探索欲望。

（2）户外活动，做好安全保障和生活照护

安全与卫生保障：在户外活动前，教师应检查场地的安全性，确保没有尖锐物体或其他潜在危险。活动结束后，及时引导幼儿洗手，保持个人卫生。

托班教师在组织幼儿参加户外活动时，还应该做好幼儿的安全保障和生活照护。具体注意事项有：选择气温较高、光照比较充足的时间段，做好锻炼前的准备活动，穿着合适的衣物。可以遵循“洋葱穿衣法”，随时增减；运动后合理补充水分。幼儿在运动后，只需要少量补水，润湿喉咙和口腔；托班幼儿热身运动时间一般为 3~5 分钟。在热身运动时，教师可引导托班幼儿按照头、肩、手臂、手腕、腰、下蹲、抬腿、跳跃、踏步的顺序编排，让幼儿充分活动身体，避免运动损伤。

第二节　托班卫生健康何所为

一、日常卫生保健实践

（一）个人卫生与用品消毒

首先，培养幼儿良好卫生习惯。保证幼儿认真做到饭前便后用肥皂和流动水洗手，勤洗头、洗澡、换衣，勤剪指（趾）甲，保持服装整洁；全托园（所）幼儿应每天洗脚、洗屁股，提倡用流动水冲淋清洗；无条件者，洗屁股盆需个人专用，保持清洁，每周消毒。洗屁股毛巾个人专用，每次用后消毒。

其次，做好个人用品卫生清洁。幼儿日常生活用品专人专用，保持清洁，幼儿每人1巾1杯，每天清洗并消毒1次，毛巾应放置在阳光通风处晾晒，设置有毛巾架，毛巾架有明确标识，毛巾互相不接触、不贴墙；刷牙杯、牙刷个人专用，保持清洁；牙刷每3个月更换1次（损坏及时更换）；幼儿梳子、拖鞋个人专用，保持清洁，每周清洗1次；被褥、凉席个人专用，日托园（所）的幼儿床单、被套、枕套（巾）等每月换洗以及暴晒1次，全托园（所）每2周1次。床上用品有污物时要及时更换拆洗，枕席、凉席每日用温水擦拭。

最后，教师关注自身仪容仪表。教师应保持仪表整洁，注意个人卫生，饭前便后、护理幼儿及接触幼儿食物前应用肥皂和流动水洗手；上班时不戴戒指等首饰，不染指甲及留长指甲等。

（二）饮食卫生与消毒

1. 饮水的卫生与消毒

首先，引导幼儿做好盥洗。托班教师组织幼儿饮水前应做好盥洗，保持手部的干净与卫生，引导幼儿按照洗手七步法的正确步骤洗手。

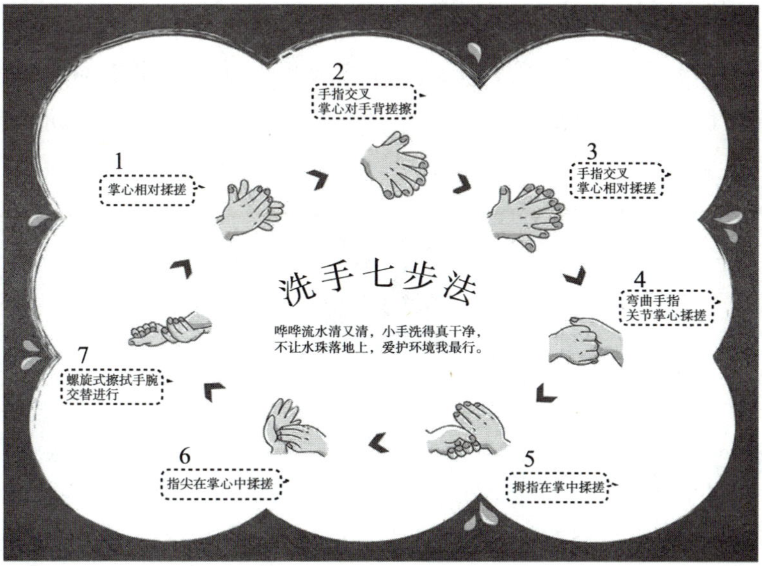

洗手七步法

其次，保证饮水器具的卫生与消毒。托班教师要重点关注幼儿的饮水杯应个人专用，指导保育教师每天清洗并进行消毒。盛水容器应每周清洗 2~3 次，消毒一次。保温桶内的饮水应每日清空。盛水容器的表面和壶嘴应每日清洗擦拭一次，保持桶内内胆每周清洗消毒。

2. 就餐的卫生与消毒

首先，餐前消毒工作。托班教师要指导保育教师餐前按“清消清”操作方法清洁桌面，餐后要擦拭干净。

其次，组织幼儿餐前活动。托班教师在进餐前 20~30 分钟让幼儿做一些安静的活动，如阅读图画书、手头玩具等。在幼儿如厕、盥洗后两只小手扣合着等待进餐时，教师可组织托班幼儿进行手指游戏或者介绍当天的饭菜等。

再次，幼儿就餐指导。托班教师以及保育教师在分餐时要求动作快、量均，要求根据幼儿年龄按照带量食谱进行首次到量分餐，随后可根据幼儿个体差异进行餐量调整。幼儿进餐中要巡回观察，密切关注幼儿进餐状况，提示幼儿养成正确的坐姿，并指导幼儿正确地使用餐具，引导幼儿不挑食、不撒饭菜、不剩饭菜，保持桌面、衣服、地面干净。

最后，做好餐具消毒工作。循环使用的餐具每餐使用后应在食堂集中清洗消毒。餐巾每次使用后要进行清洗和消毒。托班教师要根据相关要求指导保育教师按照要求做好清洁与消毒工作，充分保证幼儿就餐器具的干净与卫生。

餐前桌面“清消清”操作方法

（三）环境卫生与消毒

首先，确保班级环境卫生清洁。班级应该每日清扫，室内湿拭清扫，保持清洁整齐。室内定时通风，保持空气新鲜。冬季以及夏季空调房间至少每半日通风 1 次，每次至少 10~15 分钟（根据房屋大小、室内外温差决定通风时间）。在不适宜开窗通风时，采用紫外线杀菌灯进行照射消毒，每日 1 次，每次持续照射时间 60 分钟，并做好紫外线消毒灯使用记录，内容包括日期、消毒班级、消毒原因及对象、使用时间及累积作用时间。厕所要幼儿专用，幼儿入厕后要及时冲刷，做到清洁、无异味，每天至少消毒 1 次。坐便器、便盆每次使用后要及时清洗消毒。

其次，保持玩具、图书表面的清洁卫生。托班教师要指导保育教师每周至少进行 1 次玩具清洗，每 2 周图书通风晾晒 1 次。小桌椅、坐车等幼儿接触密切的物件，每日清洁 1 次。床围栏、门把、饮用水水龙头、洗手用水水龙头要保持清洁，每天消毒 1 次。

最后，确保清洁工具分类整理。各班清洁用具（如扫帚、拖布、抹布等）要专用并标识清楚，拖布、抹布每次用后要及时清洗干净，并放在阳光通风处悬挂晾晒，干燥保存。

二、健康监测

（一）托班幼儿健康监测工作要求

托班幼儿的健康主要体现在身体、心理和社会功能的状态与表现上，作为教师，有意识地关注和监测托班幼儿的体格生长、心理行为发育与社会适应能力等，是保障和促进托班幼儿健康成长的关键。

1. 托班幼儿入园健康检查

托班幼儿入园健康检查的目的是了解幼儿生长发育的基本情况，便于教师根据幼儿的身体情况判断和调整幼儿是否适合集体生活。具体要求如下。

首先，幼儿在进入托幼机构前，应先在具备资质的医疗卫生机构完成健康体检，体检合格后方可入园入托。

其次，体检结果填在《儿童入园（所）健康检查表》中，如发现儿童疑似患有传染病，应暂缓其入园，并建议尽快前往专业机构进一步诊断和治疗，确保康复后再办理入园手续。

最后，对于离园超过三个月的幼儿，应重新按照现行入园体检要求进行全面健康检查，确保其身体健康状况符合入园标准。

2. 托班幼儿定期健康检查

定期健康检查旨在全面掌握托幼机构幼儿的生长发育状况，早期识别潜在疾病或异常情况，及时采取科学有效的干预措施，保障幼儿健康成长。

体检项目应严格按照国家相关规定执行，确保检查内容科学、规范。常规检查包括身高（或身长）、体重、头围测量，眼部、耳部、鼻腔、口腔、皮肤检查，心肺听诊、肝脾触诊、脊柱与四肢形态评估、外生殖器检查，视力和听力筛查，血红蛋白水平或血常规检测等基础项目。

不同年龄段幼儿的体检频率安排如下：1~3 岁幼儿，每年进行两次全面体检，间隔约 6 个月，建议每年进行一次听力筛查；3 岁以上幼儿，每年进行一次全面体检，每半年测量一次身高和体重，每年进行一次视力检查。所有在园幼儿，每年至少完成一次血红蛋白或血常规检测。

每次体检结束后，应及时向幼儿家长反馈检查结果，并对发现的异常情况进行解释与指导。

3. 幼儿晨午检及全日健康观察

为全面掌握在园幼儿的身体状况，及时发现潜在健康风险，特别是传染病早期症状或其他异常情况，教师应严格执行托幼机构的晨午间检查与全日健康监测制度，做到早识别、早报告、早隔离、早干预，切实保障幼儿身体健康。具体观察记录详见表 6-1。

每日早晨及午休后进行入托幼儿的初步健康筛查。检查内容主要包括：询问幼儿居家期间是否有不适症状，观察其精神状态、体温是否正常、皮肤有无皮疹或其他异常表现，检查是否携带危险物品入园。一旦发现问题，教师应立即采取相应措施，并视情况决定是否建议就医或暂缓入园。

教师需持续关注在园幼儿的日常表现，实施全日健康动态观察。观察重点包括饮食习惯、睡眠质量、大小便情况、情绪变化、行为反应等方面，并将观察结果如实记录，如发现异常应及时上报并协助处理。

对于确诊患病的幼儿，应离园休息并接受治疗，待康复后方可返园。如家长委托协助喂药，教师必须严格按照规定办理药品交接手续，详细登记药物名称、剂量、服用时间等内容，并由家长签字确认，确保用药安全与规范管理。

表 6-1　托班每日健康观察日志

日期：　　年　　月　　日　　　　　　　　　　星期：

<table>
<tr><th rowspan="2">序号</th><th colspan="2">幼儿</th><th rowspan="2">晨检</th><th colspan="5">用餐情况</th><th rowspan="2">进餐习惯</th><th rowspan="2">圆圈活动</th><th colspan="3">午睡</th><th rowspan="2">午检</th><th colspan="2">户外活动</th><th rowspan="2">饮水量</th><th>如厕</th><th rowspan="2">一日情绪</th><th rowspan="2">备注</th></tr>
<tr><th>姓名</th><th>出勤</th><th>早餐</th><th>加餐</th><th>午餐</th><th>加餐</th><th>晚餐</th><th>≥ 1小时</th><th>≤ 1小时</th><th>无</th><th>上午</th><th>下午</th><th>大便 / 次</th></tr>
<tr><td></td><td></td><td></td><td></td><td></td><td></td><td></td><td></td><td></td><td></td><td></td><td></td><td></td><td></td><td></td><td></td><td></td><td></td><td></td><td></td><td></td></tr>
<tr><td></td><td></td><td></td><td></td><td></td><td></td><td></td><td></td><td></td><td></td><td></td><td></td><td></td><td></td><td></td><td></td><td></td><td></td><td></td><td></td><td></td></tr>
<tr><td></td><td></td><td></td><td></td><td></td><td></td><td></td><td></td><td></td><td></td><td></td><td></td><td></td><td></td><td></td><td></td><td></td><td></td><td></td><td></td><td></td></tr>
<tr><td></td><td></td><td></td><td></td><td></td><td></td><td></td><td></td><td></td><td></td><td></td><td></td><td></td><td></td><td></td><td></td><td></td><td></td><td></td><td></td><td></td></tr>
</table>

（二）托班幼儿健康监测实施方法

1. 托班幼儿入园健康检查

为保障幼儿身体健康，确保托幼机构内集体生活的卫生安全，所有新入园幼儿在入学前必须完成健康体检，并符合相关入园标准。

幼儿园应在托班幼儿入园前组织并落实健康体检工作，提前向家长说明需带幼儿前往具备资质的医疗卫生机构进行入园体检。体检结果合格后，方可正式办理入园手续。要求所有新生入园前健康检查率达到百分之百，确保无遗漏。

教师在接收新生时，应查验“一表一册一证”，即《儿童入园（所）健康检查表》《0~6 岁儿童保健手册》《预防接种证》。同时，应详细询问幼儿的既往病史、是否有传染病接触经历、是否存在过敏体质等健康相关信息，以便后续做好个别幼儿的健康照护。

若发现幼儿疑似患有传染病，应暂缓其入园，并建议家长尽快带领幼儿前往专业医疗机构进一步诊断与治疗。待治愈后，凭正规医疗机构出具的康复证明方可入园。

对存在营养不良、贫血、超重或肥胖等营养相关问题的幼儿，教师应做好个别幼儿的信息备案和照护。

2. 托班幼儿晨午检查

作为托班教师，晨午检是每日工作的第一环，也是保障班级幼儿健康安全的重要环节。教师应具备基本的观察和判断能力，配合保健人员，细致、有序地完成相关检查任务。以下是教师在晨午检中需要做好的具体工作。

第一，做好入园前准备。教师应提前到达班级，了解当日幼儿出勤情况。保持教室通风良好，准备好相关物品，接待幼儿晨间来园。

第二，进行外在行为与情绪观察。观察精神状态，通过幼儿入园时的表情、动作、反应速度等，判断其是否精神萎靡、烦躁不安或明显不适；查看皮肤与口腔，注意幼儿是否有皮疹、红肿、口腔溃疡等表现，警惕如手足口病、水痘等常见传染病早期症状；关注情绪变化，对情绪低落、哭闹不止或过度依恋家长的幼儿给予额外安抚，记录其情绪状态并持续关注。

第三，检查个人卫生与着装情况。教师要关注幼儿的衣着，根据天气变化判断幼儿衣着是否合适，避免过热或受凉；还要观察幼儿的手部、面部是否干净，指甲是否修剪整齐，防止因不洁引发疾病传播；也要留意幼儿是否携带小颗粒玩具、尖锐物品或其他危险物品入园，一经发现及时收管并告知家长。

第四，做好记录与反馈。教师可填写晨检记录表，如实记录每名幼儿的健康状态，标注异常情况，便于后续追踪。对有轻微不适或既往病史的幼儿，在日常活动中加强观察与照顾。将晨检中发现的异常情况第一时间反馈给园所保健人员，配合进一步处理。

第五，引导幼儿平稳过渡入园。教师要对刚入园或情绪不稳定的幼儿，给予更多拥抱、陪伴和语言鼓励，帮助其建立安全感；安排轻松的游戏或自由活动，帮助幼儿缓解分离焦虑，顺利进入一日生活节奏。

第六，做好午间健康复查。午休前后再次观察幼儿的精神状态、食欲、睡眠质量及身体状况。对上午有轻微不适的幼儿，在午间可再次测量体温，动态掌握其健康变化。如有异常表现，及时通知保健医并联系家长，视情况决定是否需要离园就医。

（三）托班幼儿健康监测与评价

1. 幼儿体格发育监测

托班教师可以指导养育人规范使用 0~3 岁儿童生长发育监测图，在家庭中定期对幼儿的生长情况进行自我监测。通过持续记录幼儿的体重、身长（身高）等关键指标，可及时掌握其生长趋势和发育状况。若发现幼儿的体格生长水平低于第 3 百分位或高于第 97 百分位，或出现生长速度明显减缓、停滞甚至下降，以及短期内体重或身高突增等异常情况，建议家长及时带幼儿前往专业医疗机构进行评估与干预，以保障其健康成长。具体可以参考《3 岁以下婴幼儿健康养育照护指南（试行）》中 0~3 岁女童及男童生长发育监测图。

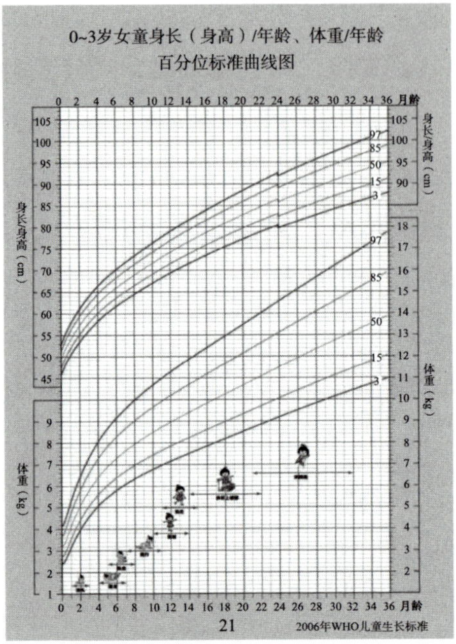

0~3 岁女童生长发育监测图

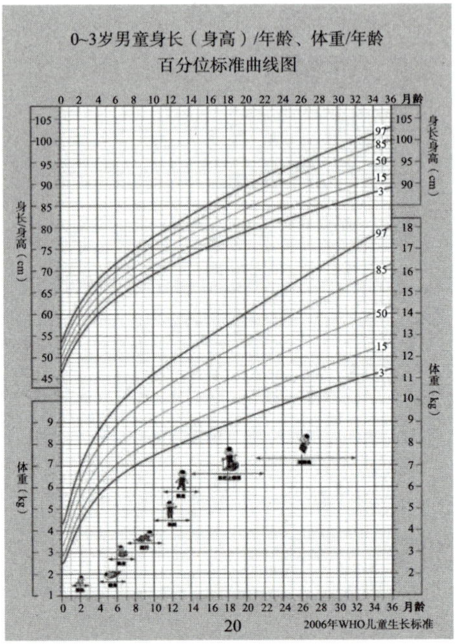

0~3 岁男童生长发育监测图

2. 幼儿心理行为发育监测

托班幼儿的心理行为发育涵盖了感知觉、认知能力、大运动技能、精细动作、语言表达以及社会适应与交往等多个方面。为了促进婴幼儿的全面发展，建议养育者熟悉并掌握 0~3 岁婴幼儿各个发展阶段的心理行为发育里程碑。在参与国家基本公共卫生服务项目中的 0~6 岁儿童健康检查时，家长应积极配合专业人员进行“儿童心理行为发育问题预警征象”筛查，可以参考《3 岁以下婴幼儿健康养育照护指南（试行）》中的儿童心理行为发育问题预警征象筛查表，具体详见表 6-2 及其他相关评估。通过这些系统的检查，可以及时发现潜在的发育偏差和风险因素，进而采取进一步的专业评估与早期干预措施，确保幼儿能够在关键期获得必要的支持与帮助，为其长远发展奠定坚实基础。

表 6-2 儿童心理行为发育问题预警征象筛查[①]

年龄	预警征象		年龄	预警征象	
3 月	1. 对很大声音没有反应	□	6 月	1. 发音少，不会笑出声	□
	2. 逗引时不发音或不会微笑	□		2. 不会伸手抓物	□
	3. 不注视人脸，不追视移动人或物品	□		3. 紧握拳松不开	□
	4. 俯卧时不会抬头	□		4. 不能扶坐	□
8 月	1. 听到声音无应答	□	12 月	1. 呼唤名字无反应	□
	2. 不会区分生人和熟人	□		2. 不会模仿“再见”或“欢迎”动作	□
	3. 双手间不会传递玩具	□		3. 不会用拇食指对捏小物品	□
	4. 不会独坐	□		4. 不会扶物站立	□
18 月	1. 不会有意识叫“爸爸”或“妈妈”	□	24 月	1. 不会说 3 个物品的名称	□
	2. 不会按要求指人或物	□		2. 不会按吩咐做简单事情	□
	3. 与人无目光交流	□		3. 不会用勺吃饭	□
	4. 不会独走	□		4. 不会扶栏上楼梯 / 台阶	□
30 月	1. 不会说 2~3 个字的短语	□	36 月	1. 不会说自己的名字	□
	2. 兴趣单一、刻板	□		2. 不会玩“拿棍当马骑”等假想游戏	□
	3. 不会示意大小便	□		3. 不会模仿画圆	□
	4. 不会跑	□		4. 不会双脚跳	□
4 岁	1. 不会说带形容词的句子	□	5 岁	1. 不能简单叙说事情经过	□
	2. 不能按要求等待或轮流	□		2. 不知道自己的性别	□
	3. 不会独立穿衣	□		3. 不会用筷子吃饭	□
	4. 不会单脚站立	□		4. 不会单脚跳	□

① 国务院办公厅 . 关于促进 3 岁以下婴幼儿照护服务发展的指导意见［Z］. 国办发〔2019〕15 号，2019.

续表

年龄	预警征象		年龄	预警征象
6岁	1. 不会表达自己的感受或想法	□		
	2. 不会玩角色扮演的集体游戏	□		
	3. 不会画方形	□		
	4. 不会奔跑	□		

注：适用于0~6岁儿童。检查有无相应月龄的预警征象，发现相应情况在“□”内打“√”。该年龄段任何一条预警征象阳性，提示有发育偏异的可能。

三、应急处理技能

（一）心肺复苏基本常识及做法

1. 幼儿园这样做

当发现幼儿倒地时，迅速观察周围环境，轻拍幼儿双肩并在其双耳旁进行呼喊，判断有无应答、肢体活动或呼吸起伏（限时10秒）。若幼儿无意识，立即向周围人员求助拨打120。

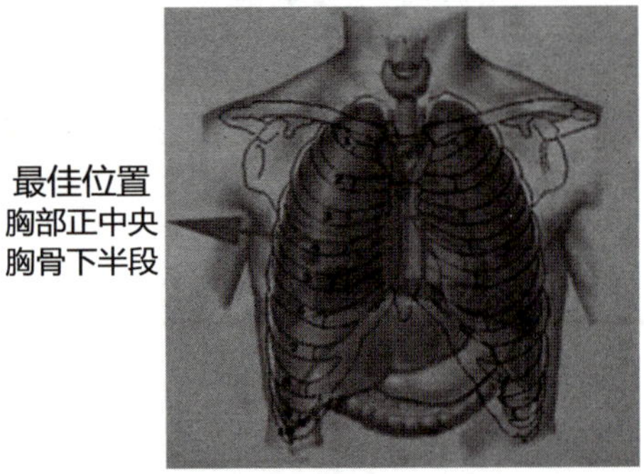

心肺复苏示意

将幼儿仰卧于硬质地面，解开衣领、腰带，确保身体平直。在患者身体右侧方，右手单掌掌跟部定位于胸部正中两乳头连线水平，双手手指相扣，在下一只手掌跟部接触按压部位，垂直用力向下按压。要求肘关节伸直，双肩关节连线中点—双肘关节连线中点—按压之手掌根部三点为一直线，施术者以上半身体的重量下压患者胸骨。

胸按压的具体要求：按压频率，至少 100 次 / 分钟，每次释放完全；每次按压使胸骨下陷至少 5 厘米，按压后完全放松，以每秒约 2 次的频率进行 30 次心脏按压。

将幼儿头部轻轻偏向一侧，清除幼儿口、鼻分泌物，再一手按住前额、一手抬起下颌使头部后仰（避免过度后仰损伤颈椎），左手以拇指和食指捏紧患者的鼻孔，平静吸气后，将口唇紧贴患者口唇，把患者口部完全包住，平稳吹气 1 秒，直至幼儿胸廓向上抬起。

一次人工呼吸后，使幼儿的口张开，并松开捏鼻的手指，观察胸部恢复状况，再进行下一次人工呼吸。每胸外按压 30 次进行 2 次人工呼吸，做 5 个循环后判断复苏效果，再进行下一步抢救。

最后，5 个循环判断复苏是否成功。第一，眼球活动，手脚抽搐，开始呻吟等；第二，双侧瞳孔缩小；第三，触摸到规律的颈动脉搏动；第四，自主呼吸逐渐恢复；第五，面色、口唇、甲床转为红润。

心肺复苏的处理办法

2. 建议家长可以这样做

立即行动：发现幼儿无意识、无呼吸或呼吸困难时，第一时间拨打 120，同时取出家中急救箱（含纱布、体温计等）。

学习技能：主动参加社区或医院组织的心脏复苏培训，掌握“胸外按压 + 人工呼吸”操作要点（如按压位置、频率），可通过模拟教具练习。

配合医护：在等待救援期间，根据调度员指导实施急救；送医后详细告知幼儿发病前后状态（如是否有呛咳、摔倒等诱因）。

后续观察：幼儿复苏后，密切监测其精神状态、呼吸频率及有无胸痛，遵医嘱完成进一步检查（如心电图、血气分析）。

家庭预防：家中高危区域（如浴室、楼梯）做好防滑、防撞措施，避免幼儿接触小零件（如硬币、纽扣）以防窒息。

（二）海姆立克基本常识及做法

急性呼吸道异物堵塞在生活中并不少见，气道堵塞后患者无法进行呼吸，可能致人因缺氧而意外死亡。海姆立克腹部冲击法（Heimlich Maneuver）也称为“海氏手技”，是美国医生海姆立克先生发明的。1974 年，他首先应用该法成功抢救了一名因食物堵塞了呼吸道而发生窒息的患者，从此该法在全世界被广泛应用，拯救了无数患者，因此该法被人们称为“生命的拥抱”。

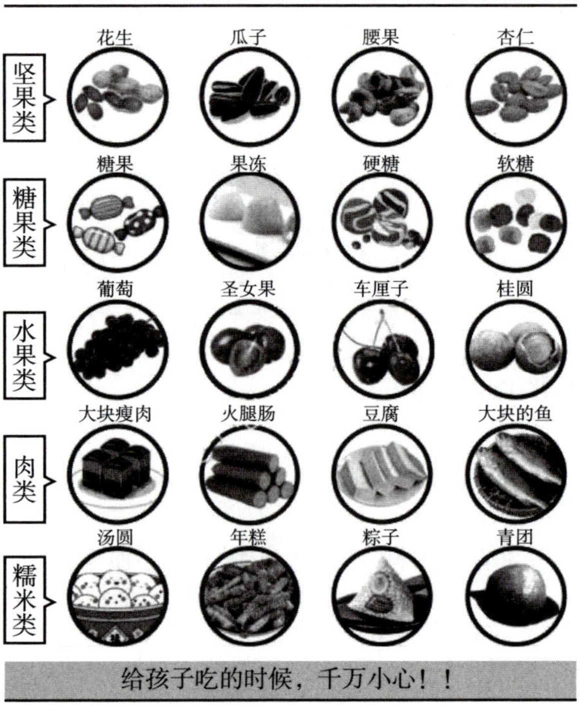

易堵塞气管的食物

1. 幼儿园这样做

当幼儿突发呛咳、面色发紫、无法说话或哭闹（完全梗阻）时，若幼儿意识清醒，教师需站在其背后，双脚前后分开，双臂环抱幼儿腹部，一手握拳、拇指顶住幼儿肚脐上方两横指处（剑突下方），另一只手握住拳头，快速有力地向上、向内冲击腹部，每秒 1 次，直至异物排出或幼儿意识清醒（可记口诀“一手握拳抵肚脐，一手抓握快冲击，异物排出保呼吸”）。

若幼儿意识不清、倒地昏迷，教师应将其仰卧，跪在身旁，双手重叠、掌根置于肚脐上方两横指处，快速向下、向内按压腹部，深度约 5 厘米，频率每分钟 100～120 次，直至异物排出或专业救援到达。牢记“不能咳嗽、不能说话、不能呼吸”时立即实施急救。

2. 建议家长可以这样做

识别梗阻：注意幼儿进食时突发呛咳、面色发紫、手抓颈部、无法发声等“窒息信号”，立即判断是否为气道异物梗阻。

清醒时急救：对于 1 岁以上意识清醒的幼儿，立即采用站立环抱法（一手握拳抵肚脐上方两横指，另一手抓握快速向上冲击腹部），直至异物排出。

昏迷时处置：若幼儿昏迷倒地，立即实施仰卧腹部按压（双手叠放肚脐上方，快速向下向内按压），同时拨打 120，避免单独离开幼儿。

预防措施：避免给 3 岁以下幼儿喂食整颗坚果、果冻、大块肉类；引导幼儿安静进食，禁止跑动、嬉笑时喂食。

海姆立克急救法

（三）呕吐基本常识及做法

1. 幼儿园这样做

尽快远离污染区域：发生呕吐事件后，首先让其他幼儿远离被呕吐/粪便污染的区域（如呕吐物不慎吐在了餐桌附近，需停止所有幼儿用餐，并将污染的食物全部丢弃）。

带领幼儿至通风好的区域不要围观，安抚好幼儿的情绪，不要恐慌。

呕吐幼儿带到保健室隔离，并通知家长将幼儿接回家观察，症状无缓解，建议就医，并将就医结果反馈给本班教师。

保育教师第一时间开窗通风并对呕吐物进行消毒处理，室内紫外线消毒 1 小时。

呕吐物的处理方法

2. 建议家长可以这样做

保持呼吸道通畅：幼儿呕吐时，立即将其头偏向一侧或身体侧卧，避免呕吐物吸入气管引发窒息，用纱布或手帕及时清理口腔异物。

观察呕吐特征：记录呕吐次数、呕吐物颜色（如是否含血、胆汁）及伴随症状（如发热、腹痛、头痛），就医时提供给医生。

短暂禁食与补水：呕吐后暂停进食 2~3 小时，之后少量多次喂服口服补液盐（按说明书稀释）或温米汤，避免含糖饮料、牛奶加重肠胃负担。

饮食调理：呕吐缓解后，给予清淡流质食物（如小米粥、烂面条），避免油腻、生冷、刺激性食物，逐步过渡至正常饮食。

及时就医信号：出现呕吐持续超过 12 小时、呕吐物带血或黄绿色液体、幼儿精神萎靡、尿量明显减少（脱水表现）等情况立即送医。

（四）发热基本常识及做法

发热是指机体在致热原作用下或各种原因引起体温调节中枢的功能障碍时，体温升高超出正常范围。在正常情况下，人体产热和散热保持动态平衡。各种原因引起产热增加或者散热减少，则出现发热。一般当腋温超过 37.3 摄氏度时则定为发热。

1. 识别要点

发热表现为情绪不佳、精神萎靡、面部潮红、不思饮食。体温计夹在腋下为幼儿测量体温，根据幼儿体温进行处理措施。按体温状况，发热分为：低热 37.3～38.0 摄氏度，中等度热 38.1～39.0 摄氏度，高热 39.1～41 摄氏度，超高热 41.0 摄氏度以上。高热时一定要注意可能会发生高热惊厥，主要表现为全身或局部肌群的强直性或阵挛性抽搐，双眼凝视、发直或上翻，口吐白沫，口周发绀，伴意识丧失。为避免幼儿发生高热惊厥，控制体温很重要。发热的分级对照见表 6–3，高热症状及患病见表 6–4。

表 6–3　发热的分级对照　　单位：摄氏度

部位	正常体温范围
口腔	36.2～37.2
腋下	36.0～37.0
直肠	36.5～37.5
低热	37.3～38.0
中等热	38.1～39.0
高热	39.1～41.0
超高热	>41.0

表 6–4　高热症状及患病

与高烧相伴随的症状	可能患的疾病
鼻塞、流涕、咳嗽、咽红	感冒
嗓子痛，扁桃体红肿	急性扁桃体炎
发烧三四天后烧退，出皮疹	幼儿急疹
嗓子痛，呕吐，杨梅舌	猩红热
冬：喷射状呕吐，皮肤出血点	—
夏：喷射状呕吐，抽风	—
抽风，不洁食物，脓血便	—

2. 幼儿园这样做

温水擦拭，教师可用温湿毛巾擦拭幼儿的头部、手心、脚心、腋窝、腹股沟、颈部两侧等部位的皮肤，促进幼儿体表散热。

冷敷降温，教师可用 20~30 摄氏度的水浸湿毛巾折好后置于幼儿前额，每 3~5 分钟更换一次；或将冰袋置于幼儿头下，若幼儿年纪较小，注意防止冻伤。

为幼儿补充充足的水分，引导幼儿多饮用温开水。

幼儿惊厥持续抽搐 5~10 分钟不能缓解，或短时间内反复发作，预示病情严重，必须急送医院。

3. 温馨提示

幼儿发热或高热惊厥后，千万不可惊慌失措，不可大声呼叫或用力摇晃、拍打幼儿。避免捂汗，散热不佳反而容易使体温升高。不要急于使用退烧药，先物理降温。

一般情况下，幼儿高热惊厥 3~5 分钟即能缓解。其间，成人不要急着把幼儿抱往医院，而是应该等其恢复意识后前往医院。经护理，幼儿惊厥已经停止，也要到医院进一步查明幼儿惊厥的发生原因。

发热症状的应急处理

发热 9 个情况需及时就医：体温在 40 摄氏度以上，持续 24 小时；体温在 38.5 摄氏度以上，持续 72 小时（有高热惊厥史的幼儿体温在 38 摄氏度以上）；发热的同时，伴随剧烈呕吐或者腹泻；发热的同时，伴随全身或者部分身体抽搐；发热的同时，伴随吞咽困难、呼吸急促、口唇发紫；发热导致剧烈头痛，颈部发硬，幼儿囟门凹陷或突出；口腔干燥、眼窝深陷、哭闹时泪水少、尿量减少或者无尿；精神状态差、活动减少、烦躁不安或精神萎靡甚至昏睡、昏迷；退烧后 24 小时再次升温。具体见表 6–5。

表 6–5 发热儿童严重疾病警示分级评估

症状和体征	绿区—低危	黄区—中危	红区—高危
皮肤黏膜颜色	皮肤、口唇和舌颜色正常	苍白（家长描述）	苍白、花纹、苍灰或发绀
活动力	对外界反应正常，愉悦或微笑，清醒或可迅速唤醒，哭声正常有力 / 无哭	对外界反应不正常、无笑容，长时间刺激方能清醒，活动减少	对外界无反应、病态面容、各种刺激不能清醒、嗜睡、虚弱、哭声尖或持续哭吵
呼吸	—	鼻翼扇动，呼吸急促：6~12 月龄，呼吸频率 >50 次 / 分钟；>12 月龄，呼吸频率 >40 次 / 分钟；氧饱和度 ≤ 95%（吸入空气），肺部闻及湿啰音	呻吟，呼吸急促：呼吸频率 >60 次 / 分钟，中至重度吸气性胸凹陷
循环和脱水状况	皮肤和眼睛正常，黏膜湿润	心动过速：<12 月龄，心率 >160 次 / 分钟；12~24 月龄，心率 >150 次 / 分钟；2~5 岁，心率 >140 次 / 分钟；毛细血管再充盈时间 ≥ 3 秒，黏膜干燥，喂养困难，尿量减少	皮肤弹性差

续表

症状和体征	绿区—低危	黄区—中危	红区—高危
其他	无“黄区”或“红区”的症状或体征	3~6 月龄，体温≥ 39.0 摄氏度，发热≥ 5 天，寒战，肢体或关节肿胀，肢体不能负重 / 不愿活动	<3 月龄，体温≥ 38.0 摄氏度，皮疹压之不退色，前囟饱满，颈项强直，惊厥持续状态，有神经系统定位体征，局灶性抽搐

注：①有些免疫接种可引起 3 个月以下儿童发热；

②绿区可观察，黄区尽快就诊，红区立即就诊。

（五）诺如病毒感染基本常识及做法

诺如病毒对环境抵抗力强，在 0~60 摄氏度均可存活，酒精和含酒精成分免洗洗手液对诺如病毒无效。此外，还具有感染剂量低、感染后潜伏期短、排毒时间长、免疫保护时间短、极易造成反复感染、全人群普遍易感等特点。

1. 识别要点

诺如病毒感染潜伏期为 24~48 小时。发病突然，主要症状为恶心、呕吐、发热、腹痛和腹泻，也可发生头痛、寒战和肌肉痛等症状。幼儿感染后呕吐普遍，部分幼儿仅表现出呕吐症状。主要通过粪口途径传播。诺如病毒主要通过患者的粪便排出，也可通过呕吐物排出。

2. 幼儿园这样做

出现恶心、呕吐、发热、腹痛和腹泻等情况，第一时间送至保健室，并联系家长说明幼儿情况。班内进行全面消毒。

保育教师负责全面消毒及开窗通风。1 名教师负责带领全体幼儿到临时教室，另 1 名教师负责将幼儿送至保健室并联系家长说明幼儿情况，接回家观察，无症状 72 小时后来园。

密切关注班级其他幼儿的身体情况，对生病幼儿做好追访。

加强健康宣教，提高幼儿和家长对诺如病毒感染的认识与防范意识。

3. 建议家长可以这样做

当孩子出现呕吐、腹泻等症状时，家长可根据以下建议进行初步判断与护理，必要时及时寻求医疗帮助。

就医指导：如症状轻微且精神状态良好，可在家中观察并给予适当护理。但若出现以下情况，应立即带孩子前往医院就诊：持续频繁呕吐，无法正常进食；尿量明显减少、眼窝凹陷、皮肤弹性差等脱水表现；精神萎靡、反应迟钝或烦躁不安；发热持续不退或体温过高；医生评估后认为需通过静脉输液纠正水电解质失衡的情况。

饮食调整：在急性呕吐初期，可暂时禁食 2~3 小时，让胃部得到休息。待症状缓解后，逐步恢复饮食，遵循“少量多次、清淡易消化”的原则，推荐食物包括米汤、稀粥、面条等。避免摄入高糖、高脂或辛辣刺激性食物，以免加重胃肠负担。

居家隔离措施：若孩子确诊为诺如病毒感染，其传染期通常从症状出现前至康复后三天内。在此期间，应实行居家隔离，避免前往人群密集场所，防止病毒传播。家庭成员接触患儿时应注意佩戴口罩、手套，并对污染物及时进行消毒处理。

病情监测：家长应密切观察孩子的身体状况，注意记录呕吐与腹泻的频率及性质、体温变化、尿量多少及颜色深浅、精神状态是否稳定等指标。如发现异常或病情加重，应及时联系医生，以便尽早干预。

4. 温馨提示

（1）五要

①饭前便后要洗手。

②海产鱼虾要煮熟。

③生熟食品要分开。

④居室环境要卫生。

⑤出现症状要就诊。

（2）五不要

①生水未煮不要喝。

②体弱者不要生食水产品及蔬菜。

③患者不要为他人加工食品。

④无牌餐饮不要光顾。

⑤未做好防护，不要处理患者呕吐物和污染物。

（六）手足口基本常识及做法

1. 识别要点

一般发热是首发症状，首先在口腔黏膜出现红色溃疡性疱疹，有疼痛感，12 天后可在手、足、口、臀等部位皮肤出现丘疹、疱疹，临床上有不痛、不痒、不结疏、不结疤的“四不”特征，一般 7～10 天消退。少数患者会出现严重的并发症，如脑炎、急性迟缓性麻痹、肺水肿等。传播途径主要有直接接触传播、飞沫传播、消化道传播等。

2. 幼儿园这样做

及时发现与上报：在日常观察中，若发现幼儿有类似手足口病的症状，应立即送至保健室并与家长联系说明幼儿情况。

教室消毒：保持教室通风良好，定期对教室进行全面消毒，特别是对幼儿的玩具、餐具等物品进行消毒处理。

隔离措施：一旦有幼儿确诊为手足口病，应立即将该幼儿与其他幼儿隔离，避免病毒传播。

增强免疫力：鼓励幼儿多运动、多喝水、多吃蔬菜水果，增强自身免疫力。

3. 建议家长可以这样做

避免交叉传染：保持室内空气流通，居家隔离，不去公共场所，不与其他幼儿玩耍，防止交叉感染。

密切观察病情：家长密切观察患儿病情，如出现持续高热、精神萎靡不振、昏睡或肢体抖动等，有可能短期内进展为重症，应立即到医院就诊。

做好清洁消毒：每天清洁常接触的家具、玩具、地面等，每周用含氯消毒剂消毒12次。患儿的分泌物、呕吐排泄物以及被污染的物品，应用含氯消毒剂擦拭或浸泡消毒，作用30分钟后，用清水擦拭或冲洗干净。

关注幼儿卫生：教育幼儿养成良好的卫生习惯，如勤洗手、不随地吐痰等。

做好饮食调理：在幼儿康复期间，注意饮食清淡、营养均衡，多吃蔬菜水果，增强身体抵抗力。

（七）消化不良基本常识及做法

1. 识别要点

消化不良可由器质性因素或功能异常导致，如果出现以下情况需考虑器质性病变可能性：贫血、疼痛影响睡眠或干扰学习生活、持续呕吐、非主动控制的体重减低、腹泻、便血等。幼儿功能性消化不良则是起源于胃和十二指肠的功能紊乱，多种因素参与其中，包括胃肠动力异常、内脏高敏感性、胃酸异常及幽门螺杆菌感染，遗传和精神心理因素（紧张、焦虑等情绪）、饮食（暴饮暴食、进食过多甜食和产气食物等）及生活方式（运动少、睡眠不足、进食不规律、学习压力大）等。

2. 幼儿园这样做

个体化护理：根据幼儿的个体差异，采取少盛多添的方法，逐渐增加不喜欢的食物量，以及运用表扬和奖励的方法激励幼儿。

增加活动量：运动能够促进身体的新陈代谢，增强肠胃的蠕动能力。

3. 建议家长可以这样做

家长在治疗过程中扮演重要角色，需要认真观察幼儿症状的诱因，有针对性地祛除诱因。对于精神因素导致的消化不良，应积极与幼儿谈心，鼓励并树立信心，消除幼儿紧张焦虑情绪；对于不良饮食习惯导致的消化不良，应安排合理膳食，避免食用含咖啡因、辛辣刺激、油腻食物；调整健康的生活方式，给予充足的睡眠时间。

家长应注意观察幼儿出现症状与进餐的时间关系，若餐前症状明显餐后消失，则可能与胃酸异常相关，可考虑抑酸抗酸药物；若餐后出现腹胀、早饱、呕吐等症状的患儿，则多考虑胃肠动力欠佳，可考虑促胃动力药物。

（八）虫咬皮炎基本常识及做法

虫咬皮炎是指皮肤被昆虫叮咬以后发生的局部皮肤过敏和炎症反应，多发生在腰部、臀部和四肢，表现为突然发生的豌豆到指头大小的风团样的红斑，常有剧痒，严重者可影响日常的起居和生活。大多数都是昆虫叮咬引起，如跳蚤、虱子、螨、蚊、臭虫、虻虫、风、蜱虫等。

1. 识别要点

局部症状：被叮咬处出现大小不等的红斑、丘疹、风团，部分皮疹中央可见针尖大小的瘀点、水疱，瘙痒明显。抓后可能继发感染，出现脓疱、糜烂、结痂。

全身症状：少数敏感人群或被大量昆虫叮咬后，可能出现发热、乏力、恶心、呕吐、头痛等全身不适症状。儿童和过敏体质者症状可能更严重。

2. 幼儿园这样做

为保障幼儿健康，预防蚊虫叮咬带来的疾病传播风险，幼儿园将采取以下防护措施。

加强环境管理：定期开展园内环境卫生整治，及时清理积水、污水，减少蚊虫滋生环境，降低蚊虫密度。

配备防蚊用品：在户外活动期间，为幼儿提供安全、温和的驱蚊液，并由教师适时进行涂抹护理，做好防护。

个性化防护安排：对于皮肤敏感的幼儿，幼儿园将提前与家长沟通，根据需要允许其佩戴驱蚊贴或驱蚊手环，以替代化学类驱蚊产品。

3. 建议家长可以这样做

保持居家环境整洁：及时清除家中积水、垃圾，避免蚊虫繁殖。

外出时做好防护措施：尽量避免带孩子前往草丛、花园等蚊虫密集区域；外出可穿浅色长袖衣物和长裤，必要时使用儿童专用驱蚊产品。

完善家居防蚊设施：确保门窗纱网完好无破损，夜间睡觉时使用蚊帐，增强防蚊效果。

通过家园协同，共同构建良好的防蚊屏障，有效保护孩子的身体健康，预防蚊媒传染病的发生。

第三节　家园沟通卫生健康常见问题例举

一、为什么幼儿上托班后易生病，该怎么预防

0~3 岁幼儿免疫系统还没发育成熟，在入托班的适应阶段，幼儿的免疫系统也会随着环境、作息的改变而有所调整。当幼儿离开了熟悉的环境和家人，开始在新的环境中生活，就破坏了幼儿原有的心理上的生物钟。在这种情况下，幼儿就会产生恐惧、焦虑的心情，心理压力增大，从而使身体处于应激状态，此时幼儿的抵抗力下降，比较容易生病。等幼儿过了应激反应期，抵抗力就会增强。

（一）幼儿园可以这样做

1. 执行卫生消毒制度

①定时清洁消毒教室、玩具、地面、卫生间、睡眠区；

②确保水杯、餐具专人专用，毛巾、床品定期消毒更换；

③保持室内空气流通，定时开窗通风，清洁空调滤网；

④提供适合幼儿的洗手设施，教师引导并监督幼儿正确洗手。

2. 落实传染病防控，严格晨检与全日观察

①规范晨检，发现疑似症状立即劝返就医；

②教师密切留意幼儿状态，及时发现异常；

③发现疑似传染病症状，立即隔离并通知家长，对接触物品和环境消毒；

④出现病例时，透明通报家长，遵循疾控部门建议，严格执行返园标准。

3. 加强健康教育与习惯培养

①通过儿歌、故事等形式教育幼儿卫生习惯；

②教师以身作则，遵守卫生规范。

4. 保障食品安全与饮食卫生

①遵守食品采购、储存、加工、留样规范；

②餐具严格消毒；

③关注过敏幼儿，避免接触过敏原，确保应急处理流程。

5. 营造良好心理环境

教师给予新入园幼儿关爱、耐心和安抚，帮助其适应集体生活。

6. 建立家园沟通机制

向家长说明卫生保健制度、传染病防控要求，及时沟通幼儿健康状况。

（二）家长可以这样做

1. 入园前准备

①完成计划免疫，确保幼儿接种所有适龄疫苗；

②培养幼儿卫生习惯，调整作息，减少分离焦虑。

2. 入园后配合与预防

①如实告知幼儿健康状况，避免隐瞒病情；

②遵守隔离与返园规定，幼儿确诊传染病后，遵医嘱隔离治疗；

③增强幼儿体质，均衡营养，保证充足睡眠，适度户外运动，合理穿衣；

④加强个人卫生，回家后督促幼儿洗手、洗脸，定期清洁消毒玩具、图书，保持家中通风。

3. 密切观察与及时应对

①每日观察幼儿精神状态、食欲、体温等；

②发现生病迹象，及时就医，遵医嘱治疗；

③幼儿生病期间，保证充分休息，清淡饮食，多喝水，按医嘱用药，避免去公共场所。

4. 保持良好沟通

主动了解幼儿园卫生保健要求，与教师保持沟通，及时告知幼儿生病或请假原因。

二、如何引导幼儿戒掉尿不湿

自主如厕是每个幼儿成长过程中特别重要的个人技能，也是幼儿独立道路上的一个重要节点。

（一）幼儿园可以这样做

规律的如厕训练时间：为幼儿设定固定的如厕时间，例如，每隔一段时间提醒幼儿去厕所尝试排尿或排便，帮助幼儿养成规律的排泄习惯。

观察信号：教师会留意幼儿可能要上厕所的信号，比如，坐立不安、夹腿等，及时引导幼儿去厕所。

鼓励表达：鼓励幼儿用语言或简单的动作表达自己想要上厕所的需求。

示范引导：制作正确上厕所的流程图。

正面激励：当幼儿成功在厕所排便或排尿时，给予及时的表扬和奖励，增强幼儿的自信心和积极性。

（二）家长可以这样做

小内裤经常清洁换新：刚开始戒尿不湿的幼儿，尿裤子或拉裤子比较频繁，家长一定要及时清洁、换新，准备足量的小内裤给幼儿。

不给幼儿穿开裆裤：私处暴露容易滋生细菌，而且可能导致意外发生，比如，被虫咬、被卡住等。开裆裤还会促使幼儿形成随地大小便的坏习惯，不利于养成正确的排便习惯。

家长不强迫、不责备：戒尿不湿、学会自主如厕是需要时间来让幼儿适应的，过程中少不了尿裤子、抗拒马桶等意外状况。这时候家长一定要保持耐心，在幼儿抗拒时不强迫，而是耐心引导；在幼儿犯错时不责备，而是耐心讲解示范。

三、如何引导幼儿吃完饭后刷牙漱口

牙齿是伴随我们一生的小伙伴，牙齿的健康对幼儿成长至关重要。幼儿园阶段是幼儿口腔卫生习惯养成的关键时期，通过科学的口腔卫生防护措施，可以有效预防“病从口入”，保障幼儿的健康成长。

（一）幼儿园可以这样做

通过故事引导：给幼儿讲述关于保护牙齿的绘本或故事，让幼儿了解不刷牙的后果和保持口腔卫生的重要性。

幼儿漱口

引入游戏环节：把刷牙过程变得有趣。例如，组织“小小牙医”角色扮演游戏，幼儿扮演牙医互相刷牙，提升幼儿对刷牙的积极性和乐趣。

正向激励引导：对积极参与并认真刷牙漱口的幼儿给予表扬和奖励，比如，小红花或者小贴纸等。

开展教学活动：保健医用生动有趣的动画、可爱的牙齿模型，为幼儿进行简单的口腔知识讲解和正确刷牙的示范，让幼儿直观地了解口腔卫生的重要性。

（二）家长可以这样做

树立榜样：家长自己要养成每天刷牙的好习惯，成为幼儿的榜样。

耐心引导：用温和的语气和幼儿解释刷牙的重要性，让幼儿明白保护牙齿的重要性。

讲故事和互动：在家庭中，通过讲故事或与幼儿一起刷牙的方法，让幼儿觉得刷牙是一件有趣且必要的事情。

使用幼儿喜欢的牙刷和牙膏：选择幼儿喜欢的颜色和图案的牙刷与牙膏，增加幼儿对刷牙的兴趣。

适度奖励：如果幼儿能主动刷牙并养成良好的习惯，家长则可以给予适当的奖励，如小玩具或额外的亲子活动时间等。

四、如何引导挑食、不爱吃蔬菜的幼儿

幼儿味蕾较成人多，对蔬菜的苦涩味道更加敏感，这是避免误食有毒物质的进化本能。蔬菜纤维粗，幼儿咀嚼能力弱，易产生挫败感。成人应予以理解，用适当方法让幼儿逐渐喜欢蔬菜。

（一）幼儿园可以这样做

师幼共读蔬菜绘本

精心制作美味食谱：幼儿园保健医根据《中国居民膳食指南（2022）》的指导原则，参考中国居民膳食营养素参考摄入量，制定了一套科学合理且美味的食谱。通过厨师的精心制作，这些食谱不仅营养均衡，而且色香味俱佳，让幼儿在享受美食的同时，能够摄入各种蔬菜，从而满足他们成长发育的需要。

多种方式激发兴趣：为了帮助幼儿了解多吃蔬菜的好处，教师会采取多种方法，包括创造一个充满乐趣的环境、播放儿歌、阅读绘本以及

设计有趣的游戏。通过这些活动，幼儿可以在轻松愉快的氛围中学习到蔬菜的重要性。此外，我们还组织了种植蔬菜、择菜、洗菜等劳动活动，让幼儿在参与过程中感受到劳动的成就感，从而激发他们爱吃蔬菜的兴趣。

循序渐进，积极鼓励：在进餐过程中，循序渐进地逐渐增加幼儿蔬菜的摄入量。具体做法是，开始时少盛一些蔬菜，然后根据幼儿的接受程度逐渐增加，即所谓的“少盛多添”。同时，教师会对幼儿吃蔬菜的行为给予及时的肯定和鼓励，以此来增强幼儿吃蔬菜的积极性。

寓教于乐，游戏助力：通过鼓励和肯定激励幼儿，尤其是对于那些年纪较小的幼儿。例如，教师可以将幼儿的嘴比喻成一台“搅拌机”，并鼓励他们进行一场有趣的比赛，看看谁的“搅拌机”能够“搅拌”更多的食物种类，搭配出更丰富的营养餐。这样的游戏会让幼儿觉得非常有趣，从而激发他们吃蔬菜的兴趣。

（二）家长可以这样做

营造良好的就餐环境：为了营造一个良好的就餐环境，家长需要以身作则，树立一个积极的进食榜样。在进食过程中，应尽量避免电视和其他可能分散幼儿注意力的电子产品的干扰，这样可以确保幼儿能够专注于食物本身。此外，家长应该鼓励幼儿尝试多种蔬菜，以保证营养均衡。

增加食物吸引力：在烹饪方面，家长可以通过尝试一些创新的方法增加食物的花样。例如，可以将蔬菜与其他食物混合在一起烹饪，或者将蔬菜制作成各种可爱的卡通形状，这样不仅能吸引幼儿的注意力，还能让他们逐渐接受并喜欢上蔬菜的味道。

鼓励幼儿参与：让幼儿亲身参与食物的准备过程，可以有效提升他们的参与感。家长可以带领幼儿一起择菜、洗菜，甚至让他们参与简单的烹饪活动。在进餐时，使用鼓励和表扬的语言，可以有效地培养幼儿吃蔬菜的兴趣，让他们在愉快氛围中养成良好的饮食习惯。

五、如何引导总是用手指抠鼻子的幼儿

挖鼻孔并不是一个好的行为，可能会将细菌带入鼻腔，破坏鼻腔内环境的稳定，损伤鼻黏膜，增加发生鼻腔炎症、鼻炎、咽炎等发病机会。

（一）幼儿园可以这样做

教育引导：采用生动有趣的方式，如通过故事、儿歌、游戏等，向幼儿讲解抠鼻子的危害，如可能会导致鼻子出血、疼痛，还会把细菌带入鼻子，让他们明白为什么不能抠鼻子。日常生活中，当发现幼儿有抠鼻子的行为时，及时用温和的语气提醒他们，并引导他们将手放下来，告诉他们有鼻涕可以告诉教师，教师会帮忙处理。

关注个体差异：了解每个幼儿抠鼻子的原因，有些幼儿可能是因为鼻子不舒服，如鼻腔干燥、有鼻屎等，教师可以用生理盐水滴鼻剂或儿童专用的鼻腔清洁器，帮助幼儿清理鼻腔，缓解不适。对于因情绪紧张、焦虑而抠鼻子的幼儿，教师要多关注他们的情绪状态，给予更多的关爱和安抚，通过陪伴、拥抱等方式让幼儿感受到安全和温暖，帮助他们缓解情绪。

培养卫生习惯：培养幼儿良好的个人卫生习惯，如勤洗手，减少手上细菌的滋生，降低因抠鼻子而引发感染的风险。教幼儿正确的擤鼻涕方法，当幼儿有鼻涕时，教他们用纸巾轻轻按住一侧鼻孔，擤出另一侧鼻孔的鼻涕，然后再换另一侧，避免用力过猛损伤鼻腔。

做好环境创设：保持室内空气湿润，可以使用加湿器，防止幼儿鼻腔干燥引起不适，从而减少抠鼻子的行为。在教室里设置温馨提示标志，如“不抠鼻子，保护鼻子”等，提醒幼儿养成良好的习惯。

幼儿自己擤鼻涕

（二）家长可以这样做

以身作则：家长自己要养成良好的卫生习惯，不在幼儿面前抠鼻子，为幼儿树立榜样。

关注原因：观察幼儿抠鼻子的情况，了解是否有身体不适的原因，如鼻腔疾病等。如果发现幼儿鼻子有异常，如经常流鼻涕、鼻塞、鼻痒等，家长应及时带幼儿去医院就诊，在医生的指导下进行治疗。

正向引导：当发现幼儿抠鼻子时，不要大声呵斥或强行制止，这样可能会让幼儿感到紧张或害怕，反而加重这种行为。家长可以用温和的方式转移幼儿的注意力，如给他们一个玩具，或引导他们做其他有趣的事情。家长可以平时多和幼儿交流，告诉他们抠鼻子是不好的习惯，会让鼻子受伤，容易生病，让幼儿明白为什么不能抠鼻子。

增加陪伴：有些幼儿抠鼻子是为了寻求关注或缓解焦虑情绪，家长要多陪伴幼儿，和他们一起玩耍、做游戏，给予他们足够的关爱和安全感，让幼儿在情感上得到满足，减少由心理因素导致的抠鼻子行为。

培养习惯：帮助幼儿养成良好的卫生习惯，如每天早晚用温水帮幼儿清洗鼻腔周围，保持清洁。同时，家长可以让幼儿多喝水，多吃蔬菜水果，保持身体水分充足，避免鼻腔干燥。

实践任务

请设计一个以“健康小卫士”为题的主题活动，可围绕托班幼儿洗手、如厕、用餐等卫生习惯培养进行设计。

1. 观察与识别

识别班级幼儿在目标卫生习惯（如洗手、如厕、用餐）上的现有水平和主要问题。

2. 策略设计与实施

设计并实施至少 3 种符合托班幼儿年龄特点的、趣味性强的游戏引导和强化目标习惯。

3. 环境创设

创设或优化支持目标卫生习惯养成的物理环境和视觉提示。

4. 家园沟通

主动与家长沟通幼儿在园的卫生习惯表现，并提供至少 1 个简单易行的家庭配合建议。

5. 记录与反思

系统记录幼儿行为变化和策略效果，并进行反思。

托班卫生健康资源推荐

[1] 宗文革，刘辛．托班保育保健实用手册［M］．长江少年儿童出版社．2020.

[2] 国务院办公厅．关于促进 3 岁以下婴幼儿照护服务发展的指导意见［Z］．国办发〔2019〕15 号，2019.

[3] 国家卫生健康委．托育机构保育指导大纲（试行）［Z］．国卫人口发〔2021〕2 号，2021-01-12.